edition suhrkamp 2762

Das 1871 gegründete Kaiserreich gilt im öffentlichen Diskurs häufig als Hort der Obrigkeitshörigkeit, des Chauvinismus und des Militarismus. Dabei war es vor allem auch eine Zeit des Aufbruchs in die moderne Massendemokratie. Es hatte eine offene Verfassung, ambitionierte Reformen wurden auf den Weg gebracht, einer der größten Umbrüche überhaupt nahm entscheidend an Fahrt auf: die Frauenemanzipation.

Bei diesen Tendenzen, so Hedwig Richter, handelte es sich nicht einfach um Ungleichzeitigkeiten. Die vom Ideal der Gleichheit motivierte Inklusion der Massen hatte ihren Preis in einer Reihe von Exklusionen: Antisemitismus, Rassismus oder Misogynie. In ihrem Essay zeigt Richter, dass wir das 20. Jahrhundert mit seinen Extremen besser einordnen können, wenn wir die Reformzeit um 1900 in ihrer Komplexität begreifen.

Hedwig Richter, geboren 1973, ist Professorin für Neuere und Neueste Geschichte an der Universität der Bundeswehr München. 2020 wurde sie vom Wissenschaftskolleg zu Berlin mit dem Anna-Krüger-Preis ausgezeichnet.

Hedwig Richter

Aufbruch in die Moderne

Reform und Massenpolitisierung im Kaiserreich

Suhrkamp

2. Auflage 2021

Erste Auflage 2021
edition suhrkamp 2762
Originalausgabe

Satz: Satz-Offizin Hümmer GmbH, Waldbüttelbrunn
Druck und Bindung: C.H. Beck, Nördlingen
Umschlag gestaltet nach einem Konzept
von Willy Fleckhaus: Rolf Staudt
Printed in Germany
ISBN 978-3-518-12762-9

Inhalt

Einleitung *7*
1. Die deutsche Einheit *17*
2. Arbeit und Vergnügen *35*
3. Globalisierung *79*
4. Partizipation und Krieg *103*
Fazit *139*

Anmerkungen 147
Ausgewählte Literatur 172
Dank 176

Einleitung

»In unserem Hause wurde kein Tropfen ungekocht verbraucht«, berichtete das Dienstmädchen Doris Viersbeck im Rückblick von dem Cholera-Ausbruch in Hamburg im Jahr 1892. Das war mühselig, »denn nicht nur Wasch- und Trinkwasser, sondern auch Wasser zum Reinmachen« musste keimfrei sein. Den ganzen Tag über schleppte die junge Frau die Eimer durchs Haus. »Hamburg hat noch lange, lange unter dem Druck gestanden, den diese Seuche verursachte. Mögen solche Zeiten nie wiederkehren!«[1]

Tatsächlich war der Druck auf die Hansestadt enorm. In eindringlichen Berichten schilderten die Zeitungen und Bild-Journale das Elend des Massensterbens, der schmutzstarrenden Gewässer und der verarmten Bevölkerung.[2] Hamburg hatte versagt, die stolze Stadt stand am Pranger. Wie eine Drohung hing über dem Ort die »soziale Frage«. Die Londoner *Times* brachte die Hamburger Zustände auf den Punkt: »exceptionally rotten«.[3] Weit über 8600 Todesopfer gab es in einer Stadt mit 400 000 Einwohnern. Das empfanden die Menschen als Skandal. Hamburg musste sich reformieren, am Haupt und an den Gliedern – und das geschah in den kommenden Jahren.

Alles an dieser Geschichte ist typisch für die Jahrzehnte um 1900. Denn Reformen, verstanden als planvolle, friedliche Umgestaltung des Bestehenden, waren ein Signum des Kaiserreichs – das ist die erste These dieses Essays. Sie ergaben sich aus einer »Kultur des Kompromisses«, wie es Wolfram Pyta nennt.[4] Reformen, oft vorangetrieben durch Skandalisierungen, waren notwendig, um die große Herausforderung der Zeit zu bewältigen: die Inklusion der breiten

Bevölkerung, die nicht länger entmündigt und im Elend leben sollte. Theorien über die »Massen« entstanden, die mal als Bedrohung, mal als Chance, mal als amorphes Etwas, mal als profilierte proletarische »Klasse«, aber in jedem Fall als der entscheidende Faktor der Zeit wahrgenommen wurden. Das Kaiserreich wird hier also als eine Zeit der Aufbrüche und bewusst eingeleiteten Veränderungen interpretiert, deren Dynamik sich aus der Massenpolitisierung ergab. Die Schwierigkeiten und Reformhemmnisse sollen nicht ignoriert werden; es gab sie im Kaiserreich zur Genüge – schon allein deshalb, weil »Reform« ein nicht endendes Projekt ist und jede moderne Gesellschaft weitere Reformpotenziale birgt. Der vorliegende Essay wendet sich allerdings gegen die Vorstellung einer grundsätzlichen »Reformblockade« im Kaiserreich.[5]

Die Zeit des Kaiserreichs war bestimmt von extremen Wandlungsprozessen, Klassenkampf, Krisendiskursen und globalen Dynamiken. Auch wenn der junge Staat von Anfang an durch Reformen geprägt war, so lässt sich doch um 1890 eine Zäsur erkennen, weg von repressiven Strukturen, hin zu mehr Zivilgesellschaft und einem reformerischen Boom, nicht zuletzt in den sozialen Fragen. Auch die Menschen der unteren Schichten wurden zu selbstbewussten Akteuren und – bemerkenswerterweise – Akteurinnen.

Das ist die zweite These: In den Jahrzehnten des Kaiserreichs liegen im ganzen nordatlantischen Raum wesentliche Wurzeln der modernen Massendemokratie. So fand das 19. Jahrhundert als »ein Jahrhundert der Emanzipation«, wie Jürgen Osterhammel es nennt, in der Zeit vor dem Ersten Weltkrieg einen Höhepunkt – der allerdings nicht ohne dunkle Seiten blieb.[6] Denn zur Massenpolitisierung gehörten die zahlreichen exkludierenden Aspekte: Rassismus, Antisemitismus, Nationalismus, Militarismus, Misogynie, Populismus. Wichtig ist dabei: Die Dynamik der Massenpolitisierung, die seit den neunziger Jahren neue Kraft erhielt, war ein internationales Phänomen; sie ereignete sich in einer Zeit mit bisher nicht gekannten, intensiven transnationalen Vernetzungen, die als erste Globalisierung bezeichnet wird – und die wesentlich zur Reformdynamik beitrug. Den Zeitgenossinnen und Zeitgenossen war der Aufbruch bewusst. Sie wussten: »On or about December 1910 human character changed«, wie es Virginia Woolf in ihrem berühmten Zitat auf den Punkt brachte.[7]

An der Cholera-Epidemie von 1892 offenbarte sich beispielhaft das Neue. Mit Hamburg war der – nunmehr zum Massenphänomen gewordene – nationale Stolz gekränkt. »[D]ie hygienischen Bedingungen in Hamburg waren bekanntermaßen seit Jahren skandalös – der Skandal ist so groß, dass ganz Deutschland dafür die Verantwortung trägt«, urteilte die Londoner Presse.[8] Die Epidemie wurde global wahrgenommen, ihre Ursachen wurden vom internationalen Fachpublikum intensiv diskutiert, aber sie wurde streng national erlebt.[9] Robert Koch, der gleich nach dem Ausbruch der Cholera im August 1892 von Berlin in die Hansestadt eilte, war fassungslos über die sozialen Missstände und den Dreck: »Ich vergesse, daß ich mich in Europa befinde.«[10] Deutschland unterhalb europäischer, westlicher Standards! Das war eine Demütigung für eine Nation, die sich als Teil der »Kulturvölker« und der »zivilisierten Welt« empfand, ein Tiefschlag in einer Zeit, in der die Menschen im nordatlantischen Raum im beständigen Gefühl des nationalen Wettkampfs lebten.

Der Skandal forcierte den Aufbruch. Neben der offiziellen Cholera-Kommission der Stadt gründeten die Menschen unzählige private Hilfsvereine. Der zivilgesellschaftliche Hochbetrieb war einer der wichtigsten Reformmotoren. Wo es um die konkrete Arbeit ging, standen die Frauen an vorderster

Front, selbst wenn die Leitungsposten in Männerhand lagen. Reformen, Mildtätigkeit und Nächstenliebe, Sauberkeit und Hygiene, Schutz der Familien und die Sorge um angemessene Wohnungen – all das galt als weibliche Domäne.[11] Viele Frauen waren bereits seit Jahren in Wohltätigkeitsvereinen organisiert, nun kauften sie Nahrungsmittel, eröffneten Hilfsküchen, machten Hausbesuche und bekamen, wie eine junge Hamburgerin erzählte, »einen tiefen Blick in das unendlich traurige Elend der unteren Bevölkerungsschichten«.[12] Unter den Hamburger Helferinnen waren namhafte Mäzenatinnen und Pädagoginnen wie Agnes Wolffson und Sidonie Werner oder Feministinnen wie Lida Gustava Heymann und Elisabeth Pape.[13] Hinzu kam, dass Frauen wie das Dienstmädchen Doris Viersbeck den Großteil der Extraarbeit zu tragen hatten: Putzen, Wasserabkochen, die Einhaltung der Ernährungsvorschriften oder das zusätzliche Kinderhüten, wenn die Schule ausfiel.

Das Bürgertum übte sich in Solidarität und brachte innerhalb kürzester Zeit große Summen auf.[14] Rund 10 000 Mark wöchentlich standen allein dem Lehrer Hermann Junge zur Verfügung, der sich für die Unterstützung der Armen engagierte. Die Stadtverwaltung stellte 114 000 Mark für ein Notprogramm zur Verfügung. Die Solidarität war jedoch nicht auf Hamburg beschränkt, sondern umfasste die ganze Nation. Überall wurde zu Spenden aufgerufen, Städte, Privatleute, Vereine, Firmen und Parteien sammelten Hunderttausende Mark. Kaiser Wilhelm II., eine Randfigur in dem Geschehen, stiftete 50 000.[15] Endlich richtete auch die Hansestadt – wie zuvor schon andere deutschen Großstädte – ein Hygieneinstitut ein.

Neben Wohltätigkeit und Solidarität lebte eine Kritik auf, die ins Mark traf, die deutschlandweit diskutiert wurde und sich auf die Verfassung richtete: Völlig veraltet sei die Hamburger Konstitution, da der republikanische Stadtstaat die unteren Schichten vom politischen Geschehen ausschließe – ein wesentlicher Grund für das Unglück, davon zeigten sich viele in unterschiedlichen politischen Lagern überzeugt.[16]

In gewisser Weise war Hamburg das Opfer völlig veränderter Vorstellungen von dem, was als gut und angemessen für das menschliche Zusammenleben galt. Die Hanseaten waren, im lähmenden Stolz vermeintlicher progressiver Überlegenheit, nicht mit der Zeit gegangen. Schmutz, Armut und Rechtlosigkeit, mit denen der Großteil der Bevölkerung seit Menschengedenken leben musste, hatten sich im Laufe des 19. Jahrhunderts zu einem Skandal entwickelt. Skandale aber befeuern häufig Reformen.

Viele der Reformvorhaben waren schon früher initiiert worden, oft brauchte es etliche Jahre, bevor es zu ihrer Umsetzung kam, viele wurden nur halbherzig durchgeführt oder blieben ganz stecken. Reformen sind – anders als Revolutionen – keine zeitlich klar umrissenen Ereignisse, sondern immer längerfristige Projekte. Reformen gelten als originär modern und aufklärerisch, sie sollen – optimistisch und fortschrittsgläubig – die Welt verändern und verbessern. Gewiss gab es Reformen auch in früheren Jahrhunderten; doch im 19. Jahrhundert wurden sie zum Seinsmodus der Politik; Politiker und Fürsten meinten sie nun fast überall als Notwendigkeit zu erkennen, und um 1900 schien die ganze Politik eine einzige Reformmaschine zu sein, mal mehr, mal weniger erfolgreich. Seit dem 19. Jahrhundert werden Reformen als gewaltfreie Veränderung und Verbesserung des Bestehenden verstanden.[17] Die Jahrzehnte um 1900 waren geprägt von einem reformerischen Pathos. Und doch sind Reformen unheroisch. Reformen galten nach dem Empfinden vieler Zeitgenossinnen und Zeitgenossen als »weiblich«.[18]

Das ganze 19. Jahrhundert war von reformerischen Inklusionsprozessen geprägt: Die Kommunikation verdichtete den Raum und rückte ebenso wie die Urbanisierung und die wachsende Verkehrsinfrastruktur die Menschen aneinander heran. Bürger, Bürgerinnen, Beamte und Politiker entwickelten ein immer tieferes Verständnis von den Aufgaben des Staates, die dieser in immer größerem Umfang wahrnahm. Zugleich wuchs die Inpflichtnahme der Bevölkerung, und sie kam den Anforderungen mit einem erhöhten emotionalen Engagement entgegen. Mit den wachsenden Partizipationsmöglichkeiten wurden die Einwohner zu Bürgern, die mit Vorstellungen von nationaler Egalität an das Allgemeinwohl gebunden wurden. All das gipfelte in dem höchst merkwürdigen Phänomen des Nationalismus.

In den Jahrzehnten um 1900 fanden diese Entwicklungen einen erregenden Höhepunkt. Wir können unsere heutige liberale und soziale Demokratie, aber auch das 20. Jahrhundert mit seinen Extremen besser einordnen, wenn wir die Reformzeit um 1900 in ihrer Komplexität begreifen. Im Zentrum stand die umstürzende, revolutionäre aufklärerische Idee der Gleichheit für alle – nicht der Gleichheit für wenige wie in der Antike oder in den europäischen Stadtrepubliken. Dabei wurde immer wieder neu justiert, wer mit »alle« gemeint war. Um 1900 waren das viel, viel mehr Menschen, als sich die Revolutionäre am Ende des 18. Jahrhunderts hätten vorstellen können: »Universelle Gleichheit« war hundert Jahre zuvor selbstverständlich auf weiße und zumeist besitzende Männer beschränkt gewesen. Nun organisierte sich die Mehrheit der Arbeiter. In vielen Staaten, auch in Deutschland, konnten sie dank des breiten Männerwahlrechts und durch Parteiarbeit die Politik mitbestimmen und sorgten damit in ganz Europa und darüber hinaus für Furcht und Schrecken. Weitgehend alphabetisiert, erwiesen sich Arbeiter, Bauern oder Hausangestellte zunehmend als politisierte, selbstbewusste Bürger.

Teil dieser Massenpolitisierung war einer der größten demokratischen Aufbrüche in der Menschheitsgeschichte: Die Gleichberechtigung der Frauen rückte in den Horizont und wurde auch für breite Bevölkerungskreise denkbar. Noch wenige Jahrzehnte zuvor war das schlicht unvorstellbar gewesen, die wenigen Persönlichkeiten, die dafür eintraten, wurden – egal ob in Europa oder Nordamerika – entweder kaum gehört oder verspottet. Die weibliche Minderwertigkeit hatte seit je als selbstverständlich gegolten, sie stand kaum zur Debatte. Und nun betraten Frauen die politische Bühne, und die Forderungen der Frauenbewegungen im nordatlantischen Raum fanden erstmals weiten Widerhall.

Doch die Macht der Massen entfaltete ein bedrohliches Potenzial. War das Volk nicht verführbar, volatil und, einmal entfesselt, nicht mehr einzuhegen? Von heute aus gesehen wird vor allem deutlich: Die Gemeinschaft der Gleichen hatte ihren Preis und funktionierte fast immer über den Ausschluss. Auch die Sozialdemokratie, eine der großen Inklusionsbewegungen, dachte in einem exklusiven Klassenmodell, das für Vertreter des radikalen Flügels zwangsläufig in einer blutigen Revolution münden musste. Und auf ganz andere Weise zeigte sich die Exklusion im Rassismus, der mit dem Kolonialismus die Weltherrschaft antrat. Rassismus verhieß einen gesunden weißen Volkskörper der Zugehörigen und forderte die Herrschaft über die ausgeschlossenen Anderen. Es war die Zeit des Hochimperialismus, in den USA erreichten Lynching und eugenische Träume einen Höhepunkt, in Europa florierte der Antisemitismus, überall wurden rassistische Hierarchien zur Wissenschaft ausformuliert.

Es ist zu einfach, von der Ambivalenz dieser Zeit zu reden, von Widersprüchen und Ungleichzeitigkeiten – obwohl dergleichen natürlich nie falsch ist. Die wichtigsten Phänomene der Zeit waren aufeinander bezogen, eines ergab sich logisch aus dem andern. Anhand von vier Themenbereichen sollen in diesem Essay die komplizierten Reformaufbrüche für und durch die Menschenmassen in der Kaiserzeit dargestellt werden. Im *ersten* Kapitel geht es um den großen Aufbruch der Deutschen: in ein Reich, in die ersehnte Einheit und – von Bismarck und den Kriegsherren kaum geahnt – in die Massenpolitik und Massenkultur. Die Einheit Deutschlands war nicht nur ein martialisches Projekt des Hochmuts, sondern auch eine Sache der Vernunft. Sie war die politische Voraussetzung für die Modernisierung: die Überwindung von regionalen Schranken, für den wachsenden Wohlstand und damit für die Massenpolitisierung. Die exklusive Herrschaft weniger Honoratioren wie in Hamburg galt spätestens um die Jahrhundertwende als problematisch. Der sich zuspitzende Nationalismus sorgte wie in anderen Ländern dafür, dass die Vielen sich zugehörig fühlten; doch er gab der Gleichheit einen exklusiven Charakter.

Das *zweite* Kapitel behandelt die Ökonomie und den Sozialstaat. Die Industrialisierung bot den Menschen, wovon es noch in der ersten Hälfte des 19. Jahrhunderts oft viel zu wenig gegeben hatte: Arbeit und Brot. Der Kapitalismus beutete Männer, Frauen und Kinder brutal aus, trieb die Ungleichheit in nie gekannte Höhen. Doch er bedurfte der Menschen nicht nur als Arbeitskräfte, sondern auch als Konsumenten und Konsumentinnen. Er stellte ihnen Massenprodukte zur Verfügung und machte sie zu zahlungskräftigen Käufern und Steuerzahlerinnen. Nicht zuletzt aufgrund von Skandalisierungen wurde der Staat für immer mehr Bereiche verantwortlich und griff immer tiefer in das Leben der Menschen ein. Doch die Bürgerinnen und Bürger sahen sich auch selbst in der Pflicht, die Menschen gründeten unzählige Vereine und trieben die Reformen voran. Die Arbeiterschicht formte sich zu einer kampfbereiten Klasse. Der unfassbare ökonomische Boom stellte die Ressourcen für die Neuerungen zur Verfügung.

Das *dritte* Kapitel zeigt den globalen Rahmen, ohne den es den wirtschaftlichen Aufschwung, aber auch den Rassismus oder eine Bewegung wie den Sozialismus nicht gegeben hätte. Viele Menschen entwickelten ein globales Selbstverständnis: Teile des Wirtschaftsbürgertums etwa oder Arbeiteraktivisten und Frauenrechtlerinnen. Für die meisten aber bot in einer sich globalisierenden Welt die nationale Gemeinschaft Identität und Halt. In der Perspektive des nationalen Wettbewerbs sahen die Menschen die Welt globaler und zugleich nationaler als je zuvor. Dem sich zuspitzenden Nationalismus entsprach der Kolonialismus als Ausdruck wachsenden Selbstbewusstseins und nationaler Gewalt.

Das *vierte* Kapitel schließlich analysiert die Ausbreitung partizipativer Rechte und ihre Verbindung mit Krieg und Militär. So wie sich Wehrpflicht und Vorstellungen des freien Mannes in Waffen Mitte des 19. Jahrhunderts mit Nationalismus verschränkten, so gehörten Massenpolitisierung und Massenkriege zusammen. Das allgemeine Männerwahlrecht und der moderne Krieg entsprechen einander auf verstörende Weise. Wer für sein Land stirbt, darf auch wählen, und wer im Staat mitregiert, darf Revanche und blutigen Nationalismus einfordern. Es ist bezeichnend, dass es Frauen waren, die 1915 in Den Haag zu Hunderten aus aller Welt zusammenkamen, um Frieden und eine gerechte Weltordnung zu fordern; sie waren von der martialischen Demokratie-Logik ausgeschlossen. Auch das Kriegsende und der Zusammenbruch des Kaiserreichs standen unter dem Zeichen der Massenpolitisierung: Die einfachen Soldaten, am prominentesten die Kieler Matrosen, zeigten aller Welt, dass das Volk vom Krieg genug hatte. Doch auch hier wird die dunkle Seite der Massendemokratisierung deutlich: Die siegreichen Völker schienen ein Anrecht auf Rache zu haben, und bei den Unterlegenen erfasste das Gefühl der Demütigung und des Hasses das ganze Land und zerfraß die bürgerliche und sozialdemokratische Mäßigung.

Das Kaiserreich wird in diesem Essay also als eine Zeit der Aufbrüche und bewusst eingeleiteten Veränderungen interpretiert, deren Dynamik sich aus der Massenpolitisierung ergab. Auch die Globalisierung bestärkte die reformerische Energie. Der Essay ergänzt damit eine breite Forschung, die längst das Bild vom quasiabsolutistischen Obrigkeitsstaat aufgegeben hat, weil es der Pluralität der deutschen Gesellschaft und der Vielfalt des politischen Lebens im Kaiserreich nicht gerecht wird.[19] Indem der Essay die Reformeuphorie und die Aufbrüche gerade auch der Frauen in den Blick nimmt, wendet er sich gegen eine düstere Exotisierung des Kaiserreichs und verweist auf den progressiven, reformerischen Kontext im ganzen nordatlantischen Raum.[20]

1. Die deutsche Einheit

Blinkende Uniformen und Pickelhauben, rauschende Bärte, Hurrageschrei und Waffenklirren: Im Spiegelsaal von Versailles, im Herzen des Feindes und ihm zur Demütigung, wird am 18. Januar 1871 ein Hoch auf »Seine Majestät den Kaiser« ausgebracht. So zeigte der Hofmaler Anton von Werner die »Kaiserproklamation«, und so wird der Auftakt des Deutschen Reichs bis heute gerne illustriert. Ein männliches Fest von Kaiser, Fürsten und Soldaten. Doch die damals Anwesenden erinnerten sich nicht an Glanz und Gloria. Der Akt habe sich kühl und nüchtern gestaltet, in »prunklosester Weise und außerordentlicher Kürze«. Zum Degenschwingen und Recken der Pickelhauben war gar kein Platz, die Männer standen steif »wie Säulen« und dicht gedrängt.[1]

Anton von Werners Gemälde ist ein Propagandastück, das ein einseitiges Geschichtsbild plausibilisiert: Das Kaiserreich als Adelsaristokratie, als Land der Männer und des Militärs. Allzu oft wurde diese Lesart der Gründung unkritisch übernommen und als Menetekel für das ganze Kaiserreich herangezogen.[2] Doch der Auftritt, der am 18. Januar in Versailles stattfand, war eher kontingent und kaum von langer Hand geplant. Gewiss, der Ort Versailles besaß als Inbegriff französischer Herrschaft eine starke Symbolkraft, die von den Zeitgenossen nicht missverstanden werden konnte. Der Spiegelsaal als Austragungsort hatte sich freilich auch aus Zufällen ergeben: Die deutschen Truppen lagen vor Paris, und die Halle war einigermaßen groß genug für die Versammlung.[3] In Deutschland wusste offenbar kaum jemand Bescheid, und selbst Beteiligte in Versailles hatten bis zur Stunde keine Ahnung davon, was geschehen würde. In den deutschen Zeitungen wurde am Tag selbst nahezu nichts angekündigt, und auch in den folgenden Tagen wurde wenig Aufhebens von der Inszenierung gemacht.[4] Das Reich war schon gegründet, und der preußische König hatte bereits seinen Kaisertitel, den er ohnehin nur widerwillig angenommen hatte.

Verfassung

Denn am Anfang stand die Verfassung: Sie trat am 1. Januar 1871 in Kraft und begründete, als eine Revision der Verfassung des Norddeutschen Bundes von 1867, das »Deutsche Reich«. Deutschland war damit eine konstitutionelle Monarchie, die in Europa übliche Staatsform: Der Monarch – im Deutschen Reich der Kaiser, in Personalunion preußischer König – war institutionell eingehegt, nicht zuletzt durch die Bürger, die über die Wahl des Parlaments Einfluss auf das Staatsgeschehen nahmen.[5] Den Zeitgenossen erschien eine Verfassung als selbstverständlich. Das allerdings war neu. Noch der Vorgänger des Kaisers auf dem preußischen Thron, König Friedrich Wilhelm IV., hatte eine Verfassung für Teufelszeug erklärt und sich erst mit der Revolution von 1848/49 zur preußischen Konstitution bereitgefunden.

Die Verfassung allerdings sollte das monarchische Prinzip befestigen und den Fürsten den Glauben schenken, es handele sich beim Deutschen Reich nicht um einen preußischen Zentralstaat mit starkem nationalstaatlichem Parlament, sondern um einen Fürstenbund. Auch die dritte und letzte Version der Verfassung vom April 1871, mit der nunmehr auch Württemberg und Bayern dem Reich angehörten, setzte mit dem Kaiser und den Fürsten ein. Zur Machtsicherung und als Garantie des monarchischen Elements war ein von den fünfundzwanzig Ländern bestückter sogenannter Bundesrat vorgesehen. Föderalismus und Fürstenherrschaft gingen in diesen Vorstellungen Hand in Hand. Der Bundesrat war nach dem Verfassungstext Träger der Souveränität. Er konnte Gesetze einbringen, und er musste den Gesetzen gemeinsam mit dem Parlament, dem »Reichstag«, zustimmen. An der Spitze des Bundesrats fungierte das Bundespräsidium, das der Monarch innehatte. Der Kaiser, wie man das Bundespräsidium vereinfachend nannte, war das Staatsoberhaupt, zuständig für die Außenpolitik sowie für Krieg und Frieden.

War also das Kaiserreich vornehmlich ein Fürstenbund, dominiert von einem reaktionären Preußen? Waren die Deutschen vor allem eines: Untertanen in einem Obrigkeitsstaat? Anders als Bismarck und später Wilhelm II. behaupteten, war das Deutsche Reich rechtlich nicht als Fürstenbund entstanden. Denn die Verfassung war nicht von einem Fürstengremium beschlossen, sondern vom Reichstag des Norddeutschen Bundes beraten und verabschiedet worden; die Abgeordneten dieses Parlaments aber waren durch ein modernes gleiches und allgemeines Männerwahlrecht gewählt worden. Die Grundlage des Staates war also nicht zuletzt ein Effekt der Volkssouveränität.[6] Und auch die viel beschworene Hegemonie Preußens muss angesichts der wachsenden Attraktivität und Bedeutung des Reichs in der Bevölkerung relativiert werden.[7]

Richtig ist dennoch, dass die Obrigkeit in Deutschland stark war und für die Disziplinierung und dichte Kontrolle der Bürgerinnen und Bürger sorgte: Die Durchsetzung der Schulpflicht etwa funktionierte relativ gut, die Pressezensur war bis in die neunziger Jahre für europäische Verhältnisse streng und, um ein weiteres Beispiel zu nennen, die ordnungsgemäße Erfassung der Wahlberechtigten und die Durchsetzung ihres Partizipationsrechts verliefen auch bei Minderheiten wie den polnischsprachigen Deutschen verhältnismäßig reibungslos. Eine starke Staatsmacht bedeutet neben Drangsalierung und Überwachung eben auch: einen Rechtsstaat, der immer wieder dafür sorgte, dass vor dem Gesetz alle gleich waren.[8]

Das Deutsche Kaiserreich war ein Kompromiss. Es entstand nicht nur als Ergebnis langwieriger Aushandlungsprozesse, sondern auch als Folge von Zufällen. Bismarck hatte keineswegs seit Jahren und in einsamer Genialität darauf hingearbeitet.[9] Dass die Deutschen etwa gegen ihren westlichen Nachbarn siegen würden, hatte als so unwahrscheinlich gegolten, dass Frankreich, das bis dahin allgemein für die überlegene Militärmacht gehalten wurde, den Krieg nahezu leichtsinnig in Kauf nahm.[10]

Die Deutschen waren Untertanen einer Monarchie. Aber zugleich füllten sie ihre Rolle als freie und zunehmend politisierte Bürger aus – beides ging in Europa problemlos zusammen, viele hielten es sogar für zwei Seiten einer Medaille. Tatsächlich wurde die demokratische Seite des Kaiserreiches in den letzten zwanzig Jahren in der Forschung immer deutlicher herausgearbeitet.[11]

Im Verfassungsalltag und für die Bürger trat die Idee des reaktionären Fürstenbundes schnell in den Hintergrund. Das war möglich, weil der Verfassungstext ausgesprochen pragmatisch gehalten war – ein Kompromiss eben. Er sollte dem Einigungsprojekt nicht im Weg stehen. Ein Grundrechteteil fehlte, denn seine Ausarbeitung hätte womöglich wie 1848 in der Paulskirche zu viel Diskussionszeit erfordert und er hätte den Eindruck erwecken können, in Konkurrenz zu den traditionsreichen Grundrechtskatalogen der Einzelstaaten zu treten. Der Pragmatismus machte die Verfassung flexibel und offen. Das sollte sich in den kommenden Transformations- und Reformzeiten als ein Vorteil erweisen.

Und so bildete sich der Reichstag, den Bismarck einhegen

wollte, im politischen Leben zur entscheidenden Institution und zum Symbol der nationalen Einheit heraus. Das Parlament hatte das Budgetrecht, das Gesetzesinitiativrecht und es musste den Gesetzen zustimmen. Außergewöhnlich an der Verfassung war das gleiche Männerwahlrecht, das es in diesem Ausmaß in kaum einem anderen Staat gab. Nahezu jeder Mann ab dem 25. Lebensjahr besaß das Stimmrecht, von den in Europa üblichen Ausnahmen abgesehen, etwa den Empfängern von Armenhilfe. Die Abgeordneten wurden in hochkompetitiven Wahlkämpfen gekürt. Als ein entscheidender Grund für das Wahlrecht galt in politischen und intellektuellen Kreisen immer wieder der Einsatz der Männer im Krieg (dieser Aspekt wird unten ausführlich zur Sprache kommen). Noch wichtiger war – insbesondere für Linke und Liberale –, dass die Verfassung mit dem modernen Wahlrecht in einem entscheidenden Punkt an ein großes Ereignis der deutschen Demokratiegeschichte anknüpfte: an die Verfassung der Paulskirche.

Das Parlament tagte öffentlich, auf der Zuschauertribüne drängten sich Männer und Frauen, Zeitungen druckten lange Auszüge der Reden. Die Regierung wurde nicht vom Reichstag bestätigt – was kein deutsches Alleinstellungsmerkmal war –, vielmehr ernannte der Kaiser den Reichskanzler als Regierungschef. Der Kanzler stand den sogenannten Staatssekretären vor, die als Beamte die Funktion der Minister ausfüllten und die Reichsämter leiteten. Auf die Dauer aber ließ sich keine Politik gegen das Parlament machen, da der Reichstag den Haushalt verabschieden und die Gesetze beschließen musste.[12]

Der Bundesrat, der doch Souverän sein und das Fähnlein der Monarchie hochhalten sollte, verblasste schon deshalb, weil die Kammer hinter verschlossenen Türen beriet und die Ländervertreter nur entsandt und nicht gewählt waren –

weil folglich kaum jemand die Männer kannte.[13] Wie immer erweitert und präzisiert der internationale Vergleich die Interpretation: Bismarck hatte zwar den Bundesrat nicht als zusätzliche Kammer gedacht (in seinen Augen gab es mit dem Reichstag und den zahlreichen Landesparlamenten genug parlamentarisches Leben), aber der Bundesrat erfüllte in gewisser Weise genau diese Funktion. Dass seine Mitglieder nach einem anderen Modus nominiert wurden als die Volkskammer, war international üblich und galt sogar – entsprechend dem Prinzip der Mächtebalance – als wesentlich; wie in den USA diente in Deutschland die andere Kammer der Stärkung des föderalen Charakters.[14]

Überhaupt erwies sich der Föderalismus in mancherlei Hinsicht als demokratisierendes Element.[15] Zu den Staaten, die dem Deutschen Reich angehörten, zählten mit Hamburg, Bremen und Lübeck drei Republiken. Viele deutsche Länder wie Bayern, Württemberg oder Baden brachten mit ihren altehrwürdigen Verfassungen und ihren Parlamenten freiheitliche Traditionen in den neuen Staat ein. Das Deutsche Reich war ein Nationalstaat, der – so oder so – auf dem Volk gründete.

Der Kaiser besaß keine direkten Kompetenzen bei der Gesetzgebung. Als formales Staatsoberhaupt bestand seine Funktion darin, Gesetze auszufertigen und zu verkünden. Das war ein das monarchische Prinzip einschränkendes Moment, auch wenn dem Kaiser über den Bundesrat ein gewisser Einfluss zustand. Zur Überraschung der Insider wurde der alte Kaiser Wilhelm I. ein überaus beliebtes Staatsoberhaupt, und sein Enkel Wilhelm II. war ebenfalls lange Zeit populär, wenngleich die Intellektuellen viel über ihn spotteten und seine Prahlerei und das Schwadronieren zunehmend zum Problem wurden.[16] Er ließ sich in bunten Uniformen und im Glanze seiner prunkenden Söhne feiern. Ihren Monarchen verehrt und gefeiert haben freilich auch die anderen Europäerinnen und Europäer.

Der Nationalstolz der Deutschen rührte nicht zuletzt aus der neu gewonnenen Einheit. 41 Millionen Menschen lebten im Deutschen Reich. Der Deutsch-Französische Krieg hatte das Machtverhältnis in Europa umgekehrt: Anders als zuvor galt nicht mehr Frankreich als die dominierende Kraft auf dem Kontinent, sondern Deutschland. Die Annexion von Elsass-Lothringen erwies sich dabei als ein Pyrrhussieg und lastete als skandalträchtiges Ärgernis auf dem Reich. Sie erschwerte den Ausgleich in Europa, steigerte die Bitterkeit der Franzosen und befeuerte den deutschen Chauvinismus.

Alles in allem aber war das Kaiserreich ein recht gewöhnlicher Staat im Herzen Europas. Die Menschen damals konnten das freilich so kaum wahrnehmen, denn in der Hochkonjunktur des Nationalismus reklamierten alle Länder ein ganz außerordentliches Schicksal, einen irgendwie speziell von der Vorhersehung für sie ersonnenen Weg und eine eigene nationale Großartigkeit.[17] Als Teil dieser Identitätskonstruktion entfalteten Bismarcks Mythos vom Fürstenbund oder Illustrationen wie Anton von Werners fulminantes Gemälde bei vielen Zeitgenossen ihre eigene Kraft. Aber auch bei den nachfolgenden Generationen blieben dergleichen Bemühungen nicht wirkungslos. Sie glorifizierten das Kaiserreich zunächst als starke, männliche Herrschaft, um es später, seit der zweiten Hälfte des 20. Jahrhunderts, als neoabsolutistische Macht zu verteufeln. Wie in anderen Nationen etablierte sich ein zäher Glaube an die eigene Außergewöhnlichkeit, im Guten wie im Schlechten.

Die meisten Frauen wie das Dienstmädchen Doris Viersbeck konnten sich zweifellos für den Kaiser und Uniformen begeistern; doch immer mehr Frauen engagierten sich auch in der Sozialdemokratie oder in einem christlichen Verein.

An Feiertagen wie dem Sedantag erfüllte viele ein Gefühl des Stolzes, doch ebenso sehr war ihnen wohl auch evangelisch oder hamburgisch zumute. Und wenn sie sich sozialistisch oder christlich missionarisch engagierten, konnten sie zugleich von transnationalen Empfindungen erfüllt sein. Ihren Brüdern erging es da kaum anders. Allerdings durften die wählen, und sie nutzten diese Möglichkeit in immer größerem Umfang.

Die Macht der Massen

»10 Stunden Arbeitszeit ist unsre Losung und muß die Losung aller Arbeiter sein«, hieß es im Oktober 1871 in einem Chemnitzer Streikaufruf, der sich an »die Proletarier aller Länder« wandte. Ein Sieg müsse weit über Sachsen den »frechen Übermut des Fabrikantentums« in die Schranken weisen, und die Organisation des Proletariats werde das »sohllederne Herz der Kapitalsmenschen in ihrem Leibe erzittern« lassen.[18] Hier sprachen keine eingeschüchterten Untertanen. Hier zeigte sich ein neues Selbstbewusstsein. Nicht der Militarismus oder der Antisemitismus, sondern die Sozialdemokratie würde die wichtigste Massenbewegung im Kaiserreich werden.[19]

Woher kam das neue Selbstbewusstsein der Vielen? Die Macht des Proletariats ergab sich zuallererst aus der schieren Masse. Das ist nicht selbstverständlich. Denn waren nicht auch die vielfach entrechteten Unterschichten früherer Jahrhunderte Masse und Mehrheit gewesen? Geherrscht hatten die Wenigen, die Vielen aber waren beherrscht und in aller Regel unterdrückt worden. Im 19. Jahrhundert aber gewannen die Versprechen der Aufklärung und der Französischen Revolution zunehmend an Plausibilität und Überzeugungskraft. »Alle bisherigen Bewegungen waren Bewegungen von

Minoritäten oder im Interesse von Minoritäten«, hatten Marx und Engels in ihrem *Kommunistischen Manifest* festgehalten. »Die proletarische Bewegung ist die selbständige Bewegung der ungeheuren Mehrzahl im Interesse der ungeheuren Mehrzahl.«[20] Neu an dem kommunistischen Massenanspruch war auch die drängende Diesseitigkeit und robuste Materialität des Heils: Die Körper der Vielen sollten im Hier und Jetzt geschützt, genährt und gewürdigt werden.

Wie die aufgehende Sonne breitete sich im nordatlantischen Raum die Idee der Gleichheit aus – um die alte aufklärerische Metapher zu verwenden, die gerne von Reformerinnen und Reformern aufgegriffen wurde. Mit den Egalisierungsprozessen jedoch traten in scharfem Kontrast immer mehr Bereiche zu Tage, die im Dunkeln lagen. Bei dem Konzept der Nation wurde der Mechanismus von Inklusion und Exklusion besonders deutlich. Zunächst diente »Nation« als Gleichmacherin: Jedermann hatte die Dignität, ein Deutscher (oder Franzose oder Italiener) zu sein, egal ob Adliger oder Bauer. Es lässt sich kaum überschätzen, wie wichtig dieses Konzept war, um den Menschen die Gleichheitsidee plausibel zu machen. Schließlich handelte es sich bei dieser Idee um ein Abstraktum, ja um eine geradezu absurde Vorstellung, lebten die Menschen doch in einer Welt voller Ungleichheiten. Der ganze Alltag war durchzogen von hierarchischen Differenzen. Nation aber machte Gleichheit verständlich, pflanzte sie in den Alltag und in die Herzen der Menschen. Es ist also kein Zufall, dass sich die Konzepte Bürger, Nation, Rechtsstaatlichkeit und Gleichheit Hand in Hand entwickelten, und es ist kein Zufall, dass Demokratie so gut wie immer im nationalstaatlichen Rahmen entstand.[21]

Zugleich wird die enge Verbindung von Demokratie mit Männlichkeit offenbar. Das Gefühl, sein eigener Herr zu sein, der Besitz der Staatsbürgerschaft, Entscheidungsmacht oder die Rede in der Öffentlichkeit: All das war für Männer gedacht. »Obrigkeit ist männlich«, erklärte der populäre Historiker Heinrich von Treitschke, und der Staatstheoretiker Johann Caspar Bluntschli notierte 1870, der Staat sei »unzweifelhaft ein männliches Wesen«, so dass die Teilnahme der Frauen an den Staatsgeschäften für den Staat regelrecht »gefährlich« sei.[22] Tatsächlich riefen Frauen in der Politik im Rahmen der patriarchalischen Geschlechterordnung häufig ein Gefühl der Bedrohung hervor und gefährdeten so die Legitimation: ein Herrschaftsphänomen, das Gesellschaften bis ins 21. Jahrhundert prägt, auch wenn die Konstruktion um 1900 erste Risse bekam und ab den siebziger Jahren des 20. Jahrhunderts nachhaltig beschädigt wurde. Noch aber galt: Gleich waren die Männer, die Frauen hingegen präsentierten das andere Geschlecht.

Ohne entsprechende Opportunitätsstrukturen hätte sich die Gleichheitsidee jedoch kaum ausbreiten können. Dass Masse Macht bedeutet, hielten die Zeitgenossen zunächst für eine Folge der schieren Quantität.[23] Mit dem Anbruch der Moderne, seit der Zeit um 1800, wuchs die Menschheit so schnell wie nie zuvor.[24] In Westeuropa lebten zu Beginn des 19. Jahrhunderts rund 130 Millionen Menschen, innerhalb von hundert Jahren verdoppelte sich die Zahl auf 260 Millionen.[25] Im Kaiserreich nahm die Bevölkerung von 1871 bis 1890 von 41 Millionen auf 49 Millionen zu. Das war jedoch wenig im Vergleich zu den Jahren bis 1914, als die Zahl noch einmal um rund 40 Prozent auf 68 Millionen anwuchs.[26]

Dass die Massen nicht vereinzelt und machtlos blieben, lag an ihrer Sichtbarwerdung, insbesondere an der Urbanisierung und wachsenden Vernetzung. Auch hier sind die Zahlen erstaunlich: Um 1800 zählten im damaligen Alten Reich nur drei Städte über 100000 Einwohner: Wien, Berlin und Hamburg. 1910 gab es 48 solcher Städte. Zu Beginn des Kaiserreichs im Jahr 1871 lebte mit knapp zwei Dritteln die große Mehrheit der Bevölkerung auf dem Land, nach der Jahrhundertwende drehten sich die Mehrheitsverhältnisse um, und im Jahr 1910 waren 60 Prozent Städter.[27]

Allein dieser Prozess hatte ungeheure Zerstörungs-, aber auch Neuerungskraft. Er löste die Menschen aus engen Gemeinschaften und vielfach aus den Kirchen, er beförderte die Individualisierung. Junge Frauen wie Doris Viersbeck mussten nicht auf dem Land bleiben und im Dorf den Nachbarsjungen heiraten, vielmehr hatten sie die Wahl – für die Frauen der unteren Schichten in diesem Ausmaß ein großartiges Novum. Die Stadt bot bisher ganz unbekannte Freizeit- und Vergnügungsmöglichkeiten und eine Bewegungsfreiheit, die vor allem für Frauen neu war.[28] In den städtischen Wohnvierteln und in den Fabriken eröffnete die Konzentration der Arbeiter und Arbeiterinnen die Möglichkeit einer gemeinsamen Identität – und legte ihre Organisation nahe.

Die ersten großen, erfolgreichen Organisationsbemühungen wurden in den sechziger Jahren des 19. Jahrhunderts lanciert. 1863 gründete Ferdinand Lassalle in Leipzig den Allgemeinen Deutschen Arbeiterverein, die erste Massenpartei in Deutschland. 1869 folgten August Bebel und Wilhelm Liebknecht in Eisenach mit der Sozialdemokratischen Arbeiterpartei. »Die politische Freiheit ist die unentbehrliche Vorbedingung zur ökonomischen Befreiung der arbeitenden Klassen«, hieß es im Eisenacher Programm aus demselben Jahr. »Die soziale Frage ist mithin untrennbar von der politischen, ihre Lösung durch diese bedingt und nur möglich im demokratischen Staat.«[29] Knapp 80000 Arbeiter waren bei der Reichsgründung gewerkschaftlich organisiert, und im ersten Reichstag saßen zwei sozialistische Abgeordnete.

Das würde sich schnell ändern. Das Netz der Arbeiter- und auch der Arbeiterinnenvereine wurde immer dichter. 1875 fusionierten die beiden großen Arbeiterorganisationen zur Sozialistischen Arbeiterpartei, und 1876 begann in Leipzig die Geschichte des *Vorwärts*, des »Central-Organs der Sozialdemokratie Deutschlands«. Dass sich die Proletarier Gehör verschafften und eine laute Stimme in der Öffentlichkeit wurden, ist an sich schon ein großer Akt der Demokratisierung. Der revolutionäre Wille in der Arbeiterbewegung wuchs – und als Reaktion die Abwehr des Staates, der seiner angekündigten Zerstörung durch revolutionäre Gewalt kaum tatenlos zuschauen konnte.[30]

Als rechtsstaatlich höchst fragwürdig erwiesen sich die Mittel, mit denen sich die Regierung wehrte. Nach heftigen Diskussionen, einer Reichstagsauflösung, zwei Attentaten auf Wilhelm I. und im Klima einer von Sozialistenpanik durchdrungenen Presseberichterstattung gelang es Bismarck 1878, das »Gesetz gegen die gemeingefährlichen Bestrebungen der Sozialdemokratie« mit 221 gegen 149 Stimmen durch das Parlament zu bringen. Das Sozialistengesetz musste vom Reichstag immer wieder verlängert werden. 1890 beendete das Parlament die Maßnahmen.

Zur Einschätzung des Gesetzes gehört seine internationale Kontextualisierung. Überall wurden Bewegungen wie die marxistische, sozialistische oder anarchistische, die das Gesellschaftssystem grundsätzlich angriffen, als Gefahr bekämpft. Allein bei der Niederschlagung der Pariser Kommune kamen 1871 tausend Menschen ums Leben, und in den USA wurden im Zuge von Streiks immer wieder Dutzende von Menschen durch Bundestruppen oder paramilitärische Verbände getötet.[31]

Machtpolitisch bedeutete das Sozialistengesetz für Bismarck ein Desaster. Bemerkenswerterweise erwähnt er es nicht in seinen Memoiren. Dabei waren die Repressionen beträchtlich: Etwa 1500 Menschen wurden zu Freiheitsstrafen verurteilt, und rund 900 wurden verbannt, die Organisationen und die Pressearbeit wurden verboten. Doch die Kandidatur sozialistischer Abgeordneter bei Reichstagwahlen war weiterhin möglich, so dass das Parlament eine öffentliche Plattform für sozialistische Ideen und Politik blieb. Zudem gelang es der Sozialdemokratie, sich effektiv im Untergrund zu organisieren, ihren Publikationsbetrieb aufrechtzuerhalten und ihre Presse weiterzuführen. Als das Gesetz 1890 beendet wurde, hatte die Sozialdemokratie einen strahlenden Gründungsmythos, der die unterschiedlichen Strömungen integrierte und den Glauben an die Macht der Arbeitermassen befestigte. Sozialisten und Sozialistinnen schrieben sich das Ende der Unterdrückung selbst zu – als einen glänzenden Sieg. »Rache, für unsere Gemaßregelten & Verfolgten«, hieß es auf einem Banner der Sozialdemokratie von 1888. Die sozialistischen Gewerkschaften zählten nun 300 000 Mitglieder.[32] Bei den Reichstagswahlen von 1890 fand die Sozialistische Arbeiterpartei Deutschlands mit 1,4 Millionen Wählern die größte Zustimmung.

Aus Masse wird Macht: Hier liegt eine entscheidende Quelle der Demokratie. Doch das war keine gerade Geschichte, sondern ein unsicherer, krummer Weg voller Enttäuschungen. Als im Herbst 1871 in Chemnitz der Streik begann, schlossen sich 6000 Maschinenarbeiter, Eisengießer und Modelltischler an und legten die Arbeit nieder. Es war der bisher größte Arbeitskampf des jungen Deutschen Reichs. Doch dann brach der Streik ergebnislos in sich zusammen.[33] Unternehmen und Fabrikanten verteidigten ihre Übermacht und ihre Privilegien mit großer Brutalität. Letztlich aber sollten die Streikenden die Oberhand behalten. Die geforderte Arbeitszeitverkürzung gehörte zu den langwierigen Reformen, die viele Enttäuschungen bargen, sich am Ende jedoch durchsetzten – und wie nebenbei die Welt veränderten.

Die für die Moderne typische Selbstbeobachtung und Reflexionsfreude richtete sich zunehmend auf das Phänomen der Massen.[34] Die aufblühende Soziologie versuchte, die Massengesellschaft wissenschaftlich zu ergründen. Der Franzose Émile Durkheim zeigte 1897 in seiner Studie *Le Suicide*, dass selbst ein hochindividueller Akt wie der Selbstmord sozialen Gesetzmäßigkeiten unterlag. Diese Einsichten waren beängstigend, befeuerten aber auch Machbarkeitsfantasien. Durkheims Kollege Gabriel Tarde unterschied zwischen den negativ konzipierten »Massen« (*foules*) und einer durch die Medien hervorgebrachten »Öffentlichkeit« (*public*). Letztere erschien Tarde wie ein Zukunftsversprechen, da die Medien prinzipiell eine vernetzte Weltgemeinschaft ermöglichen könnten – ein hochaktueller Gedanke.[35] Weitere Disziplinen nahmen ihren Anfang, um die biologischen und psychologischen Gesetze der Massen zu begreifen. Charles Darwin entwickelte die Evolutionstheorie, Sigmund Freud begründete die Psychoanalyse. Louis Pasteur und Robert Koch gehörten zu den Mitbegründern der Bakteriologie, zu den Pionieren der Virologie zählten Dmitri Ivanovsky und Martinus Beijerinck – um nur einige der großen Männer zu nennen, die Gesundheit und Krankheit der Bevölkerung ins Visier nahmen.

Die Vielen waren freilich vor allem eine politische Herausforderung. Lenin schuf zu Beginn des 20. Jahrhunderts seine Theorie von der Avantgarde, die den Massen gegenüber zutiefst skeptisch blieb und Disziplin und Gehorsam verlangte. Auch in den modischen apokalyptischen Szenarien der Jahrhundertwende und in der aufkommenden Kriminalistik, die ein Hauptproblem in der Primitivität und Bedrohlichkeit der Massen und in ihrer Neigung zur »Ansteckung« sah, wurden die Vielen immer wieder abgewertet.[36] Läuft nicht schon der Begriff »Masse« auf eine Abwertung hinaus? Dabei ergab sich die Massen-Frage ja wesentlich daraus, dass mit der aufklärerischen Idee der universalen Gleichheit keine Entwertung verbunden war, sondern eine Aufwertung. Denn das aufklärerische Projekt enthielt eben nicht nur die Verheißung der Gleichheit, sondern es bedeutete zugleich Individualisierung, das Versprechen der Freiheit und damit die Würde der Gleichen. Wie ließen sich die Vermassung der Gesellschaft und die zunehmende Individualisierung vereinen, ohne im politischen Chaos zu enden? Tatsächlich stoßen wir hier auf ein Dilemma der Moderne. Eine Lösung stellte die Nation dar, die ihre Attraktivität nicht zuletzt daraus bezog, dass sie mit der Rechtsstaatlichkeit beide Versprechen zusammenbrachte: Gleichheit und Freiheit. Nation bot den (zugehörigen) Männern prinzipiell den Schutzraum für ihre Gleichheit, ihre Rechte – ihre Menschenwürde. Die Männer boten im Gegenzug ihre Loyalität.

Eine ganz andere, eine technische Antwort auf das Dilemma von Gleichheit und individueller Würde war die Statistik. Sie erlebte in der Analyse der Massengesellschaft eine neue Blüte – sozusagen als Wissenschaft vom Menschen, die den Ständegedanken hinter sich ließ und von der grundsätzlichen und numerischen Gleichheit der Individuen ausging. Statistik erfasste die Massen und homogenisierte sie, doch zugleich ermöglichte sie es, den Einzelnen in den Blick zu bekommen und individuelle Merkmale wahrzunehmen.[37] Eng damit verbunden war die Logik der Massenwahlen, die man als eine – ziemlich geniale – Antwort auf das Massen-Dilemma verstehen kann. Sie bietet die Performanz der menschlichen Freiheit und der Selbstermächtigung – in Form eines Massenspektakels.[38]

Erstaunlicherweise entging der überwältigenden Mehrheit dieser großen Denker mit den Frauen die Hälfte der Massen. Hier wird einmal mehr deutlich, wie tief Geschlechterordnungen inkorporiert sind und als wie selbstverständlich sie gelten. Sie waren für viele schlicht vorreflexiv und nicht hinterfragbar. Die Idee der Gleichheit ließ sich allerdings nicht aufhalten, und in dieser Zeit des Aufbruchs begannen weltweit Frauen, für ihre Emanzipation zu kämpfen: Nicht mehr vereinzelt wie bisher, so dass letztlich niemand sie ernst nehmen musste, sondern laut und immer lauter und in immer größeren Scharen.

Dominierend und für die Zukunft entscheidend wurde der weitgehende Konsens, der sich in all den Massenreflexionen im nordatlantischen Raum herausschälte: die Vorstellungen von der Gleichheit und von der Macht der Mehrheiten. »Die Masse regiert, nicht, weil sie weise ist, sondern weil sie Macht ist«, brachte es der Intellektuelle und Politiker Hans Delbrück nüchtern auf den Punkt.[39] Und Sozialisten wie Franz Mehring erklärten: »Wir sind froh des Sonnenaufgangs, in dessen wunderbar rosigem Schimmer das neue Jahrhundert aus der Zeiten Schoße heraufsteigt.«[40] Der egalitäre Konsens galt selbstverständlich nicht überall, und der Geltungsbereich der »Gleichheit« blieb umstritten. Aber die neuen Vorstellungen drangen nun selbst in konservative und reaktionärste Kreise. Der Monarchist Treitschke räumte am Ende des 19. Jahrhunderts nicht ohne Melancholie ein, es gebe »ein historisches Gesetz der Demokratisierung der Staatsformen«.[41]

Stolz waren die Bürger der unteren Schichten geworden, sie lebten nicht mehr als geduckte Untertanen. »Die Zeit, in der wir leben, ist wohl die anregendste und erregendste, die je dagewesen ist«, hieß es in einer Bilanz des Jahres 1913.[42] Die nationalen Massen empfanden sich immer stärker als zusammengehörig. Übers Land zogen neue, größere und schnellere Eisenbahnen, durch die Städte größere und schnellere

Trams; immer breitere Alleen wurden gebaut, die mit prächtigen Bauten den Bürgerstolz repräsentierten. In Leipzig, Hamburg, Stuttgart oder Breslau errichtete man neue Rathäuser, die mit ihrer historistischen Pracht die Schlösser der Residenzstädte in den Schatten stellten. Die neuen Gebäude waren zugleich moderner und zweckdienlich: In ihren funktionalen Räumen saß die wachsende Bürokratie, Beamte, Sekretärinnen und Angestellte, die sich um die immer größer werdenden Aufgaben der öffentlichen Hand kümmerten. Die Berliner hatten 1869 mit ihrem Roten Rathaus den Auftakt gegeben; der Rathausturm überragte das benachbarte Schloss mitsamt dem programmatischen Kreuz von 1854 und zeigte mit der gasbeleuchteten Uhr allen vier Himmelsrichtungen die neue Zeit an.[43]

2. Arbeit und Vergnügen

Die Grundlage: Ökonomie

Woher kamen der Optimismus, der Stolz, das Selbstbewusstsein? Woher die Würde? Sie resultierten nicht zuletzt aus der neuen Rolle der Massen seit der zweiten Hälfte des 19. Jahrhunderts. Arbeiter und Arbeiterinnen hielten die Wirtschaft am Laufen – und zunehmend wurden sie sich dessen bewusst. Sie waren der Motor der Industrialisierung. Die Industrialisierung aber war eine der größten Umwälzungen überhaupt, eine gewaltige Kraft. Der Kapitalismus riss die Grundfesten der Gesellschaft ein, nichts ließ er unberührt. Die alten Werte und Hierarchien zerstörte er. Er bot den Nährboden für brutale Ausbeutung, und die Ungleichheit stieg in nicht gekannte Höhen.

Aber das war nur die eine Seite der Industrialisierung. »Sie hat ganz andere Wunderwerke vollbracht als ägyptische Pyramiden, römische Wasserleitungen und gotische Kathedralen, sie hat ganz andere Züge ausgeführt als Völkerwanderungen und Kreuzzüge«, erklärten Karl Marx und Friedrich Engels.[1] Das großartigste Wunderwerk der Industrialisierung war wohl ihr Beitrag zur Ermächtigung der Massen: Die Industrialisierung hatte wesentlichen Anteil daran, dass die vielen Männer, die sie in ihren Dienst nahm und ausbeutete, in die Politik katapultiert wurden. Der unterdrückte Mann, der die Drecksarbeit erledigte, wurde zum politischen Akteur. Auch wenn viele Faktoren eine Rolle spielten und sich gegenseitig beeinflussten, lässt sich doch sagen: So wie die Plausibilisierung des Gleichheitsgedankens nicht ohne Nation möglich gewesen wäre, so hätte die Massenpolitisierung nicht ohne den Kapitalismus stattfinden können.

Die Männer und Frauen, die in den neuen Unternehmen arbeiteten, waren zugleich Konsumierende, die mit immer größerer Pracht, mit Witz und Raffinesse von der Reklame umworben wurden.[2] Weltweit stiegen die Realeinkommen seit den siebziger Jahren an (in Großbritannien schon seit Mitte des Jahrhunderts), insgesamt um 50 bis 100 Prozent – und davon profitierten gerade auch die unteren Schichten.[3] Und so waren die gewaltigsten Herrlichkeiten des Kapitalismus weder neufeudale Schlösser noch teure Mode, sondern Eisenbahnen und Fahrräder, mit denen auch die Ärmsten mobil wurden, und Elektrizität, deren Licht die Straßen und langsam auch die Wohnungen zu fluten begann und die Menschen von der Natur unabhängiger machte. Wichtiger als Sonderanfertigungen von Luxusgütern wurde die Massenware: der preiswerte Mantel, die feinen Strümpfe für alle und die guten Unterhosen, immer bessere und günstigere Medikamente, der billige Schmuck, bezahlbare Schuhe. Kosmetik wurde vom Luxus- zum Massenartikel. 1907 entwickelte Henkel das Waschmittel Persil. Das Unternehmerpaar Gertrud und Oscar Troplowitz brachte 1911 Nivea auf den Markt, die Hautcreme für alle.[4] Die bezahlbare Reinlichkeit war ein enormer Gewinn an Lebensqualität und auch an schierer Menschenwürde.

Lange bevor Stalin die Moskauer U-Bahn-Stationen als Paläste fürs Volk schuf, entstanden in Europa seit den sechziger Jahren des 19. Jahrhunderts mit den Warenhäusern Prunkbauten für die Massen. 1894 entstand in Berlin das Wertheim und wurde zum größten Warenhaus Europas. In München öffnete 1905 der Oberpollinger, in Berlin 1907 das KaDeWe und in Leipzig 1908 das Kaufhaus Brühl. Mit historistischer Pracht präsentierten sie die Verlockungen der neuen Zeit. Wie ein »Ventilator« sei das Warenhaus, so beschrieben es die Zeitgenossen, »in dessen weitgeöffneten Rachen groß und klein, alt und jung, Männlein und Weiblein verschwand, dessen Saugkraft alle in sich hineinzog«.[5] Es gab Warenhäuser für die Wohlhabenden und für die Armen. Aber der ausgestellte Reichtum bot sich allen dar. Die Warenhäuser machten am Umsatz des Einzelhandels nur wenige Prozent aus und wurden doch zum Inbegriff der neuen Zeit. Hier feierten die Menschen das Vergnügen des Kaufens, die pure Freude am Konsum, das Spiel um Bewundern und Begehren. Niemand musste kaufen. Wer wollte, beließ es beim Schauen und Staunen.[6] Hatte der Kapitalismus zunächst ein strenges Regiment geführt, die Bürger zu Mäßigung und Reinvestition erzogen, die Arbeiter und Arbeiterinnen zu härterer und längerer Arbeit gepresst, so änderte sich das im letzten Drittel des 19. Jahrhunderts.

Die internationale Mode des Historismus, in deren Glanz die Rathäuser, Warenhäuser, Bahnhöfe und Kirchen erstrahlten, erwies sich als Ausdruck eines überbordenden Selbstbewusstseins: eine geradezu anmaßende Aneignung von Tradition und Geschichte, die sich – das betonten die Zeitgenossen – mit modernem Geschmack und modernster Technik verband. Auf der Pariser Weltausstellung von 1900, auf der alle ihre Modernität demonstrieren wollten, präsentierten sich die Industrieländer mit schicken Pavillons im gotischen, Barock- oder Renaissance-Stil. Die Gegenwart war so überlegen, dass sie sich souverän und lässig in Retro kleiden ließ. Der Historismus war nicht zuletzt eine Formel für das allgemeine Empfinden, auf dem Gipfel der Geschichte angelangt zu sein. Der aufkommende Jugendstil und die radikal neue und nüchterne Reformarchitektur des Werkbundes zeigten zugleich, wie plural und dynamisch die Kultur war und wie wenig sie Stillstand ertragen konnte. In Berlin sorgte der Schweizer Direktor der Nationalgalerie, Hugo von Tschudi, dafür, dass in seinem Haus im Herzen der

Hauptstadt die weltweit größte Sammlung moderner französischer Kunst außerhalb Frankreichs entstand. Das geschah zum Unwillen des Kaisers, aber der konnte Tschudi und seine bürgerlichen Förderinnen und Freunde nicht bremsen.[7]

Der Einzelhandel, die wachsende Zahl an Verwaltungen und Büros sowie der Bedarf an Hauspersonal boten vor allem Frauen Arbeit und ein eigenes Einkommen. Angesichts der wachsenden Macht der zutiefst maskulin geprägten Arbeiterbewegung wird die eher schleichende Ermächtigung gerade junger Frauen häufig übersehen. In Deutschland standen besonders viele Frauen in Lohnarbeit: Nach einer zeitgenössischen Erhebung war die Hälfte aller erwachsenen Frauen berufstätig.[8] Statistisch kaum erfasst war dabei die große Anzahl an Frauen, die in der Landwirtschaft arbeiteten. Als Tagelöhnerinnen erhielten sie bei gleicher, äußerst harter Arbeit etwa die Hälfte des Männerlohns. Noch bis in die Mitte des 20. Jahrhunderts starben Landfrauen früher als Landmänner.[9] Frauen hatten also allen Grund, in die Stadt zu ziehen. Ein Drittel der statistisch Erfassten arbeitete in den siebziger Jahren als Dienstmädchen, 1900 war es noch ein Fünftel.[10] Weibliche Dienstboten verdienten mit 150 bis 200 Mark Jahreslohn deutlich weniger als Fabrikarbeiterinnen.[11] Doch auch in der Fabrik lag der Lohn der Frauen signifikant niedriger als bei den Männern, weswegen ihre Arbeitskraft besonders gefragt war – was wiederum viele Sozialisten gegen weibliche Lohnarbeit aufbrachte. Frauen bekamen freilich nicht nur weniger Lohn; als Ehefrauen mussten sie zusätzlich den Haushalt bewältigen.[12]

Nur zögerlich und unvollständig öffneten sich auch für Frauen die vielfältigen Bildungs-, Berufs- und Arbeitsmöglichkeiten, die sich seit Beginn des 19. Jahrhunderts für immer mehr Männer boten. Für Frauen der bürgerlichen Schichten ergaben sich besondere Probleme, weil sie eine standesgemäße Arbeit suchen mussten. Dabei wurde die Frage nach einer Lohnarbeit auch für sie immer drängender, da die Mehrgenerationenhaushalte unüblich wurden und die ledig gebliebenen Frauen nicht mehr einfach im Schoß der Familie bleiben konnten.

Die Frauenbewegung, die wie die Arbeiterbewegung in den sechziger Jahren einen organisatorischen Schub erlebte, bildete sich daher im Kampf für Berufs- und Bildungsmöglichkeiten heraus. Bereits der erste große Frauenverband, der Allgemeine Deutsche Frauenverein, hatte sich diesem Thema verschrieben. 1865 von der Publizistin Louise Otto-Peters und der Lehrerin Auguste Schmidt initiiert, setzte er sich zum Ziel, »für die erhöhte Bildung des weiblichen Geschlechts und die Befreiung der Arbeit von allen ihrer Entfaltung entgegenstehenden Hindernissen mit vereinten Kräften zu wirken«.[13] 1866 gründeten Bürger und Bürgerinnen zur Beförderung der Frauenbildung in Berlin den Lette-Verein, der unter dem Protektorat der progressiven Kronprinzessin Victoria stand.

Häufig argumentierten die Aktivistinnen mit einem angeblichen »Frauenüberschuss«, der – trotz aller grundsätzlichen Übereinstimmung mit dem bürgerlichen Ehe- und Familienmodell – zu besseren Berufsperspektiven für Frauen führen müsse. Persönlichkeiten wie Helene Lange und Gertrud Bäumer trugen dazu bei, dass Frauen noch in der Vorkriegszeit rechtlich unbeschränkten Zugang zum Universitätsstudium erhielten – eine folgenreiche Reform.[14] Viele Frauenrechtlerinnen führten zudem ins Feld, dass das zentrale Problem der Zeit, die soziale Frage, nur mit dem Einsatz der Frauen, mit neuen Frauenberufen in der Wohlfahrt und mit starken weiblichen Mitbestimmungsmöglichkeiten zu lösen sei.[15] Der Sozialist August Bebel, eine der ganz großen und einflussreichsten Gestalten des Kaiserreichs, gehörte zu den Ersten, die erkannten, wie wichtig die Emanzipation der Frauen war. 1879 veröffentlichte Bebel *Die Frau und der Sozialismus*, das bis zum Vorabend des Weltkriegs in zwanzig Sprachen übersetzt wurde, allein zu Bebels Lebzeiten in über fünfzig Ausgaben erschien und den Feminismus weltweit beförderte. Bebel war der Überzeugung, dass erst der Sozialismus die Unterdrückung der Frau beenden würde, was ihn aber nicht davon abhielt, schon jetzt für die Gleichberechtigung der Frau, ihre faire Bezahlung und für die Würde der Frauen in den Fabriken und Familien zu kämpfen.

Es war offensichtlich: Die Frauenbewegung ließ sich nicht von der ökonomischen Entwicklung trennen. Die verlief in Deutschland besonders schnell. Von 1850 bis zum Ersten Weltkrieg wuchs das Nettoinlandsprodukt von rund zehn auf knapp fünfzig Milliarden. Dabei maßen die Menschen der Zeit ihre Stärke besonders gern in nationalen Kategorien: Noch in den sechziger Jahren lag die industrielle Leistungsfähigkeit der deutschen Staaten hinter Frankreich und weit, weit hinter dem industriellen Pionier Großbritannien. Schon 1880 aber hatte das Reich Frankreich und 1913 dann auch Großbritannien eingeholt. Allein von 1895 bis 1913 wuchs die deutsche Volkswirtschaft um 75 Prozent. Im Welthandel blieb das Vereinigte Königreich die Nummer eins, Deutschland rückte bis 1913 an die zweite Stelle, die USA an die dritte.[16] Eisenbahnen, Schwerindustrie, Finanzsektor: Alles boomte.[17] Die Kriegsreparationen, die Frankreich bis 1873 abbezahlt hatte, wirkten belebend, hatten aber kaum die entscheidende Wirkung, die ihnen lange zugesprochen wurde.[18]

Dass die Deutschen durch das hohe Tempo einen psychischen Defekt erlitten, weil die Politik nicht im gleichen Tempo mitzog, ist eine viel beschworene, aber doch auch recht voraussetzungsvolle These.[19] Zwar befeuerte der Erfolg den Stolz der Deutschen auf parvenühaft unangenehme Weise. Der aristokratische Nationalismus Großbritanniens freilich und der imperialistisch-chauvinistische Nationalstolz Frankreichs waren nicht unbedingt angenehmer.

Auch der Gründerkrach von 1873 brachte die grundlegende Tendenz des Wachstums und Wohlstandsanstiegs nicht zum Halten, wie die Wirtschaftsgeschichte in jüngster Zeit gezeigt hat.[20] Die Rezession war gleichwohl dramatisch. Männer und Frauen verloren ihre Arbeit. Zwischen 1871 und 1890 wanderten fast zwei Millionen Deutsche in die USA aus.[21] Was sie in Europa geschmeckt hatten, ein bisschen Wohlstand, Freiheit und ein Arbeitslohn, der mehr als das blanke Überleben ermöglichte, das erhofften sie sich nun von der Neuen Welt. Viele der Dagebliebenen rutschten in die Armut ab, eine Erfahrung, die über die siebziger Jahre hinauswirkte. »Nur ein schützendes Dach und ein gewisses minimales Quantum an Nahrung« bleibe den Armen und als Kleidung »Hemd, Hose und ein schäbiger Rock«, beschrieb der Nationalökonom Alphons Thun 1879 die Lage.[22] Weitere Krisen folgten, etwa die von 1891-1894. Sie alle trafen die unteren Schichten hart, aber es gab doch einen enormen Unterschied gegenüber der ersten Hälfte des Jahrhunderts, als Hungersnöte zu tausendfachem Tod geführt hatten und die Menschen in Scharen obdachlos und ohne Arbeit durch die europäischen Landschaften gezogen waren.

Die erste akute wirtschaftliche Krise war 1880 überwunden. Aber mit dem Gründerkrach hatte sich auch die Kritik an der Industrie, am Liberalismus, am Kapitalismus, überhaupt an der Moderne mit ihren neuen Freiheiten verstärkt. 1888 starb dann nicht nur der alte Kaiser Wilhelm I., sondern kurz darauf auch sein Nachfolger, Friedrich III., auf den die Liberalen – in ihren verschiedenen Lagern und wechselnden

Zusammenschlüssen – große Hoffnungen gesetzt hatten. Mit seinem Tod verlor seine progressive Ehefrau Victoria, die sich nun Kaiserin Friedrich nennen ließ, ihren Einfluss. All das trug zu einer antiliberalen Wende im Deutschen Reich bei.

Bis Ende der siebziger Jahre hatten die emanzipatorisch gesinnten Liberalen das Heft in der Hand gehabt und den Reichstag dominiert. Sie vollbrachten ein beeindruckendes Reformwerk, mit dem sie den Staat befähigten, die atemberaubenden Umbrüche der kommenden Jahrzehnte zu meistern. Die Einheit Deutschlands war ja nicht nur ein emotionales Projekt zur Beförderung des Chauvinismus (das auch), sondern sie war die Voraussetzung für den Eintritt in die Hochmoderne. Sie ermöglichte den wirtschaftlichen, sozialen und wissenschaftlichen Aufstieg Deutschlands. Dass das gelang, war wesentlich eine Leistung liberaler Politiker und einer progressiven Beamtenschaft. Sieben verschiedene Währungen gab es 1866 im Norddeutschen Bund und 33 Notenbanken. Innerhalb weniger Jahre wurde durch eine einheitliche Währung und ein reichsweites Wirtschaftsrecht eine Wirtschaftsunion geschaffen.[23] Mit der Verfassungsänderung von 1873, durch die das gesamte bürgerliche Recht in die Reichskompetenz überging, legten die Liberalen, unter ihnen federführend Eduard Lasker und Johannes Miquel, das Fundament für ein einheitliches modernes Rechtswesen und für das Bürgerliche Gesetzbuch von 1896.[24]

Liberale forcierten auch die Trennung von Staat und Kirche, die sie nach der Proklamation des Infallibilitätsdogmas von 1870, dem Anspruch der päpstlichen Unfehlbarkeit, für drängender hielten denn je. Allerdings ging ihnen Bismarck im »Kulturkampf« – ein Begriff des Liberalen Rudolf Virchow – mit seiner repressiven Politik zu weit. Die Auseinandersetzung zwischen antiklerikal-liberalen Kräften und der katholischen Kirche wurde überall in Europa geführt, aber in keinem anderen Land war der Kampf so erbittert wie in Deutschland, wo er von der konfessionellen Spaltung zwischen Protestanten und Katholiken überlagert wurde. Dabei führte die aggressive antikatholische Politik, anders als von Bismarck erhofft, nicht zu einer Schwächung der katholischen Zentrumspartei. Und doch sorgte die Auseinandersetzung für wegweisende Reformen: für eine Klärung des Verhältnisses zwischen Staat und Religion etwa oder für das unumstrittene Primat der Politik im Staatsleben; und die Einführung der Zivilehe im Jahr 1875 beförderte liberale und progressive Entwicklungen wie die Emanzipation der Frauen oder die Gleichstellung der Religionen.[25]

Nun aber, am Ende der siebziger Jahre, begann der Einfluss der liberalen Politik im Parlament zu schwinden. Das lag auch daran, dass zwei ihrer wichtigsten Ziele erreicht waren: die nationale Einheit und eine marktwirtschaftliche Grundordnung. Auf kommunaler Ebene aber blieben die Liberalen auch dank eines ungleichen, die bürgerliche Elite bevorzugenden Wahlrechts dominierend.[26]

Politisierung der Ökonomie

So kam es zu einer gewissen konservativen Wende im Deutschen Reich. Sie war keine Gegenbewegung zur Ermächtigung der Massen, sondern wurde von ihr nicht unwesentlich befördert. Gerade in den unteren Schichten fühlten sich viele nicht länger von den Liberalen vertreten. Die protektionistische Zollpolitik der Konservativen zum Schutz der einheimischen Industrie und Agrarwirtschaft erschien ihnen einleuchtend, während die Freihandelspolitik der Liberalen auf wenig Gegenliebe stieß. Das war einer der Gründe, weshalb diese in den vorgezogenen Reichstagswahlen von 1878 ihre dominierende Rolle verloren.[27] Die konservative Parole »Schutz der nationalen Arbeit« war tatsächlich populär und stellte keineswegs eine unbegründete, gar heimtückisch reaktionäre Politik zum Schaden der Bevölkerung dar. Bestärkt wurde der konservative Schwenk auch durch die beiden Attentate auf Wilhelm I. im Jahr 1878, die Bismarck für eine neue aggressive Sicherheitspolitik im Innern und als Grundlage für seine antiliberalen Sozialistengesetze nutzte.

Zu den wesentlichen Entwicklungen der Zeit gehörte schließlich das Erstarken politischer Interessenvertretungen. Vereine, Verbände und Parteien bilden die mittlere Ebene zwischen Staat und Individuum zur Inklusion der Bevölkerung wie zu ihrer Ermächtigung. In einer pluralen, sich individualisierenden Gesellschaft wie dem Kaiserreich boten sie neben dem homogenisierenden Konzept der Nation angemessene Vielfalt.[28] Parteien übernahmen nicht nur die Funktion, existierende Interessen zu bündeln, sondern Interessen überhaupt erst zu formulieren und den politischen Willen zu bilden.

Seit dem 18. Jahrhundert fanden sich in Vereinen und Verbänden gleichgesinnte Bürger, seltener Bürgerinnen. Im letzten Drittel des 19. Jahrhunderts erlebten sie einen nie dagewesenen Boom, beeinflussten die öffentliche Meinung, prägten die Politik und trieben diese teilweise regelrecht vor sich her. Die Gewerkschaften begannen sich in den siebziger Jahren zu konsolidieren, nachdem sie seit ihren Anfängen 1848/49 in einer äußerst spannungsvollen Konkurrenz zu den sozialdemokratischen Vereinen gestanden hatten.[29] Die Arbeitgeber intensivierten ebenfalls ihre Organisationsbemühungen. 1876 riefen Unternehmer den Centralverband deutscher Industrieller ins Leben, der systematisch die Schutzzollpolitik vorantrieb – auch im Interesse der Agrarier, die sich der Konkurrenz durch billiges Getreide aus Russland und den USA ausgesetzt sahen. Die ökonomischen Fragen hatten damit – nicht zuletzt auf konservative Initiative hin – auch in der Landwirtschaft zur Mobilisierung und Massenpolitisierung beigetragen.[30]

Die Schlagkraft der Vereinigungen wurde immer größer, als sie in den neunziger Jahren begannen, die Massen zu organisieren. Die Gewerkschaften nutzten den Aufwind der Arbeiterbewegung und entwickelten sich nach dem Ende der Sozialistengesetze zu einer der mächtigsten Massenorganisationen, wobei die sozialistischen freien Gewerkschaften nun eng mit der Sozialdemokratie zusammenarbeiteten. Zudem gab es die Mitglieder der christlichen Gewerkschaften und die Liberalen unter dem Dachverband der Hirsch-Dunckerschen Gewerkvereine. Im konservativen Lager wiederum organisierte sich der Bund der Landwirte. Die bäuerliche Protestbewegung entwickelte sich zu einem der aggressivsten Akteure in der deutschen Politik, dem Bund gehörten vor dem Weltkrieg schließlich rund 330000 Mitglieder an. Gleichwohl muss man diese Zahl im Verhältnis zu den 2,5 Millionen Gewerkschaftern und Gewerkschafterinnen sehen, die sich allein auf sozialistischer Seite organisiert hatten.[31]

Fragen der Wirtschaftspolitik erregten die Menschen schon deswegen, weil sie den Kern des nationalen Selbstverständnisses betrafen. Durfte Deutschland ein Industriestaat sein oder war es nicht wesentlich für den deutschen Charakter, ein Agrarstaat zu bleiben, an die Scholle gebunden – eine zutiefst konservative Überzeugung?[32] Bis zur Jahrhundertwende wurden die Diskussionen mit großer Leidenschaft ausgefochten, doch da war die große Transformation vom Agrar- zum Industriestaat bereits vollzogen.[33] Aber auch wenn immer weniger Menschen in der Landwirtschaft beschäftigt waren (ihr Anteil sank von über 50 Prozent auf 35 Prozent im Jahr 1913): Der Agrarsektor boomte, wurde effektiver, und bei abnehmender Anbaufläche wuchs der Ertrag jährlich um rund zwei Prozent. Nahrung wurde für alle billiger und besser. Allein das war ein kleines Wirtschaftswunder, das für die gesamte Bevölkerung erhebliche Bedeutung hatte.

Seit den neunziger Jahren kam es zu einem weiteren atemberaubenden Boom, einer zweiten industriellen Revolution, wie manche Wirtschaftshistoriker es nennen.[34] Schwerindustrie und Eisenbahn wurden als leitende Sektoren abgelöst durch die elektrische, die chemische und die optische Industrie, in der ein globaler Austausch noch selbstverständlicher und wichtiger war.[35] Deutschland galt bald als »Apotheke der Welt«. Das Reich wurde in diesen hoch entwickelten Industriezweigen auch deswegen zum Exportweltmeister, weil die Politik früh eine systematische Berufsausbildung förderte, die Wissenschaft bestärkte und einen engen Austausch zwischen Forschung und Unternehmen ermöglichte.[36]

Belebend wirkte auch die Reform des Steuerwesens von 1891, die einen Paradigmenwechsel bei der Logik der Steuererhebung herbeiführte und bis heute das Steuersystem prägt: Der progressive Steuertarif ließ allen Steuerpflichtigen mehr Gerechtigkeit widerfahren und belastete die Reichen schwerer als die Armen.

So ergab sich der überwältigende Erfolg des Kapitalismus wesentlich daraus, dass er gezähmt wurde und damit tatsächlich die Massen beglückte. Entscheidend war der ganz konkrete Wohlstandsanstieg für die unteren Schichten. Zum Zeitpunkt der Reichsgründung waren die letzten Hungersnöte der späten vierziger Jahre noch für viele Menschen präsent. Um 1900 aber schien dergleichen kaum mehr vorstellbar. Ohne den Wohlstand, so lässt sich grob zusammenfassen, wäre die Demokratie nicht möglich geworden. Nicht alle reichen Länder sind Demokratien, aber Demokratie bedarf immer einer prosperierenden materiellen Ökonomie. Wohlstand ist eine zentrale Voraussetzung für die Würde des Menschen, sie vertreibt Hunger und Not, befördert Hygiene und Medizin und ermöglicht, wie wir sehen werden, zahlreiche demokratische Praktiken.

Allerdings wurde mit der weltweiten Industrialisierung zugleich ein unfassbares Vernichtungswerk in Gang gesetzt. Schon 1873 sprach der italienische Geologe Antonio Stoppani von der »Anthropozoischen Ära«. Der Treibhauseffekt nahm durch die Industrialisierung mit ihren ungeheuren CO_2-Emissionen in den Jahrzehnten um 1900 seinen Anfang. 1895 erkannte der schwedische Chemiker Svante Arrhenius diese Zusammenhänge. Er sah darin allerdings – typisch für die Zeit – einen Vorteil: »Der Anstieg des CO_2 wird zukünftigen Menschen erlauben, unter einem wärmeren Himmel zu leben.«[37]

Zivilgesellschaft

Tatsächlich: Die Umwelt geriet in den Blick. Die Schönheit der Natur wurde in dieser Zeit als schützenswert erkannt, Regierungen erklärten Landschaften zu Naturschutzgebieten, in den Innenstädten entstanden zahlreiche Grünanlagen, die Verwaltungen ließen Straßen in die Berge und an die Seen pflastern. Zum Wohle der Menschen. Umwelt- und Tierschutzvereine gründeten sich. Denn neben den bereits erwähnten Parteien und neben den politischen und ökonomischen Verbänden gründeten Männer und Frauen in der Zeit des Kaiserreichs *en masse* weitere Vereine. Vereine für Gesundheit, Frauenrechte, besseres Wohnen und Jugendschutz; Vereine gegen Kinderarbeit, Tierversuche und schwarze Pädagogik; Vereine für und gegen Religion, Vereine für und gegen Antisemitismus; Vereinigungen von Ärztinnen, Lehrerinnen, Beamten; Kolonialvereine, Kleingartenvereine, Flottenvereine, Freidenkervereine; Landfrauenvereine, Hausfrauenvereine, Rechtsschutzvereine; den Verein der Dienstmädchen, Wasch- und Scheuerfrauen von Hamburg; deutsche Zweigvereine des Roten Kreuzes, Vereine gegen Prostitution und gegen Krieg. Vereine für das Frauenwahlrecht. Deutschland hatte eine hochpolitisierte Zivilgesellschaft. Das Kaiserreich als ständischen Staat zu bezeichnen, wie es immer wieder geschieht, ist schlicht abwegig.[38] Für den rechtsliberalen Politiker Rudolf von Gneist schien offensichtlich, »daß in Deutschland die sogenannten Mittelstände eine hervorragende kulturelle Stellung einnehmen, wie wohl in keinem anderen Lande«.[39]

Es spricht vieles dafür, den Reformeifer für einen der prägendsten Faktoren der Zeit um 1900 zu halten. In der US-amerikanischen Geschichtsschreibung wird das weithin anerkannt. Die Zeit gilt als »Progressive Era« und findet in dieser Eigenschaft Eingang in jedes Schulbuch – und mit den Reformen tauchen die Frauen in der Geschichte auf: beeindruckende Persönlichkeiten wie Jane Addams oder Mary Kingsbury Simkhovitch, die das Land zutiefst geprägt und die Gesellschaft verändert haben. Die umstürzende Bewegung der Frauenemanzipation fand vor allem im Rahmen der reformerischen Aufbrüche statt. Für Deutschland geriet das häufig aus dem Blick, weil die Geschichtsschreibung sich allzu oft auf die – zweifellos wichtigen – großen Männer, ihre Flotten-, Expansions- oder Revolutionsträume konzentrierte.[40] Dabei liegt über die vielfältigen Reformbewegungen und die folgenreiche Arbeit von Sozialreformerinnen in Deutschland eine beeindruckende Forschung vor.[41] Die Bewegungen werden jedoch oft als »Lebensreform«, als Körper- oder Architekturgeschichte oder – schlicht – als Frauengeschichte an den Rand geschoben. Zur Depotenzierung der deutschen Reformbewegungen gehörte lange Zeit, sie pauschal als »unpolitisch« zu bezeichnen.[42]

Reformer und Reformerinnen aus aller Welt trafen sich auf Kongressen, sie beobachteten sich im nationalen Wettbewerb, aber auch in professioneller Kollegialität, lernten voneinander, gaben gemeinsame Zeitschriften heraus, spornten ihre Regierungen mit dem Hinweis an, wie viel weiter und »zivilisierter« die anderen Nationen seien. Deutschland galt mit seiner gut funktionierenden Verwaltung in vielen Fragen als Vorbild, sei es bei der Wählerregistratur, allgemein in der Bürokratie oder bei den Universitäten.

Besonders intensiv war der Austausch der Frauenrechtlerinnen. Der 1888 gegründete National Council of Women diente den deutschen Frauen als Vorbild für den 1894 im Haus des Berliner Lette-Vereins gegründeten, überaus einflussreichen Bund Deutscher Frauenvereine. Nach neuesten Schätzungen gehörten dem Bund zwischen 500 000 und einer Million Mitglieder an. Nie wieder würde es einer deutschen Frauenorganisation gelingen, eine so große Vielfalt an Vereinen zu mobilisieren.[43] Deutsche Reformerinnen wie Alice Salomon waren von der starken Stellung der amerikanischen Frauen in der Wohlfahrtspflege beeindruckt. Während sich ihre männlichen Kollegen oftmals herablassend über die Vereinigten Staaten äußerten, empfanden viele Aktivistinnen die Freiheiten der amerikanischen Frauen als musterhaft und ihre Berufs- und Ausbildungsmöglichkeiten als vorbildlich. Unter den jungen Amerikanerinnen, die nach dem Collegeabschluss zu einer *finishing tour* nach Deutschland kamen, waren viele spätere Reformerinnen, die darauf Wert legten, die Kontakte nach Europa zu pflegen.[44]

Insgesamt war die Lage der Frauen in Deutschland nicht besonders rückständig – ein lang gehegtes Vorurteil der älteren Forschung.[45] Die Geschichte der deutschen Frauenbewegung vor dem Ersten Weltkrieg wurde in doppelter Hinsicht marginalisiert und oft ganz vergessen: Einerseits gab es durch den Nationalsozialismus einen tiefen Einbruch. Viele Frauenrechtlerinnen flohen ins Exil, und viele Nachlässe wurden zerstört oder gingen verloren. Zum anderen wirkt sich die Neigung der Geschichtsschreibung, demokratische Traditionslinien in Deutschland zu ignorieren oder als problematisch darzustellen, besonders gravierend aus. So wurde beispielsweise die Bedeutung von Vorkämpferinnen wie Helene Lange herabgewürdigt. Häufig hat diese Forschung zudem Aspekte, die in den Frauenbewegungen um 1900 international üblich waren, als typisch deutsche Makel beschrieben: die Überzeugung von einem dichotomischen Geschlechtermodell etwa, die Feier des »Mütterlichen« oder die Einbettung in nationales Gedankengut.[46] Teilweise wurden deutsche Frauenrechtlerinnen der Vor- und Zwischenkriegszeit selbst dann in die Nähe des Nationalsozialismus gerückt, wenn sie nach 1933 Repressionen erlitten. Bäumer war beispielsweise wie Theodor Heuss auch im Nationalsozialismus publizistisch tätig, doch während man das Heuss kaum zum Vorwurf machte, hielt man ihr vor, im NS keine Widerstandskämpferin gewesen zu sein.[47]

Frauenrechtlerinnen verglichen ihren Aufbruch um 1900 mit der Ausbreitung des Humanismus im 18. Jahrhundert.[48] Sie sahen sich – von einem klaren Fortschrittsglauben beseelt – in aufklärerischen Traditionen: Sie brachten das Licht in die verbliebenen dunklen Ecken der Welt.[49] »Es ist der Kampf zwischen Aberglauben und Wissenschaft«, so Hedwig Dohm, »zwischen Autorität und Vernunft, zwischen dem natürlichen und dem traditionellen oder historischen Recht des Menschen, der immer stärker und nachhaltiger das Bewußtsein der Völkerseelen durchdringt.«[50]

Beim Kampf um das Bürgerliche Gesetzbuch von 1896

freilich wurde deutlich, wie hartnäckig sich die Geschlechterhierarchien hielten: Trotz einer intensiven Aufklärungskampagne, in der die Aktivistinnen forderten, den Frauen mehr Rechte über ihr Vermögen oder in Fragen der Kindererziehung einzuräumen, kam die Politik ihnen in keinem Punkt entgegen. Dennoch empfanden die Frauen die Kampagne, die in der Presse als »Frauenlandsturm« einiges Aufsehen erregt hatte, als Erfolg: Sie waren sichtbar geworden. Es war eine »großartige Propaganda« gewesen, wie sich die Schriftstellerin Gabriele Reuter in ihren Memoiren erinnerte, »viele Menschen waren aus ihrer Gleichgültigkeit aufgerüttelt und begannen zum ersten Mal über diese Fragen nachzudenken«.[51]

Eine neue Zeit brach an, und viele waren sich dieser Tatsache bewusst. Als 1904 in Berlin mit großem Pomp und einem Empfang bei der Kaiserin der Internationale Frauenkongress stattfand, berichtete die Presse überaus wohlwollend. Die Integration der Frauen in die Politik und ihre Emanzipation hatten begonnen und wurden von weiten Schichten getragen.[52] »Die Frauenbewegung hat sich in den letzten 5 Jahren, wie überall, so auch bei uns, in ungeahnter Weise entwickelt«, erklärte die Feministin Marie Stritt zur Eröffnung des Kongresses. »Sie ist – getragen von den mächtigen wirtschaftlichen und geistigen Strömungen der Zeit – ein Faktor von höchster Bedeutung für unser gesamtes Kulturleben geworden.«[53] Stritt gehörte zu den lautesten Befürworterinnen des Frauenstimmrechts, auf das weiter unten noch die Sprache kommen wird.

Die meisten Frauenrechtlerinnen betonten, dass sie ihren Einsatz nicht antagonistisch und revolutionär verstanden, anders als ein Teil der Sozialistinnen. Der Bund Deutscher Frauenvereine schloss diese daher 1894 bei seiner Gründung aus. Nach wie vor war es Frauen in vielen deutschen Ländern verboten, sich in (explizit) politischen Vereinen zu engagieren, und der Bund wollte keinesfalls in der Illegalität agieren. Zudem betonten die Sozialistinnen unter der Führung von Clara Zetkin selbst ihre Ablehnung gegen alle nichtsozialistischen Frauenrechtlerinnen: Es gehe um den Klassenkampf, mit dessen Lösung auch das Frauenproblem geklärt werde. Schon 1893 hatte sich Zetkin auf dem Internationalen Sozialistischen Arbeiterkongress in Zürich gegen die »frauenrechtlerische« Bewegung ausgesprochen: Die »bürgerlichen Frauenrechtlerinnen« würden immer vergessen, »daß zwischen Bürgerfrauen und Proletarierinnen ein unüberbrückbarer Klassengegensatz« bestehe. »Wir müssen als Proletarierinnen das Tischtuch zwischen ihnen und uns zerschneiden.«[54]

Der neue Mensch

Ohne die Reformbewegungen hätte sich die Massengesellschaft nicht entwickeln und die Massenpolitisierung nicht ereignen können. Es ging darum, die vielen Menschen zu politisieren, ihnen Rechte und eine angemessene Bildung zukommen zu lassen, den Arbeitsprozess erträglich zu gestalten, ihnen ein Leben in Würde zu ermöglichen. Weltweit war – oft mit Verweis auf Nietzsche – vom neuen Menschen die Rede.[55] Das Ziel der Reformbewegungen, so der Historiker Shelton Stromquist, sei die Neuerfindung eines imaginierten Volkes gewesen.[56]

Viele Länder führten tief greifende Bildungsreformen durch. Politik und zivilgesellschaftliche Eliten setzten sich die »Erziehung der Massen« zum Ziel. Die Geschichtsschreibung diagnostiziert für die USA eine regelrechte »Erziehungskampagne« – eine Einsicht, die auch für Europa gilt.[57] Deutschland hatte sich schon seit Beginn des 19. Jahrhunderts zu einer Schulgesellschaft entwickelt, die Beamten wachten scharf über die Einhaltung der Schulpflicht, und die Schule hatte Verfassungsrang.[58] In einem langsamen Prozess hatte sich das Schulwesen seit der Reichsgründung modernisiert. Die einklassigen Schulen nahmen ab; die Relation zwischen Lehrpersonal und Schülerinnen und Schülern verbesserte sich – in preußischen Volksschulen etwa von 1 zu 75 im Jahr 1871 auf 1 zu 56 im Jahr 1911. Der Beruf des Lehrers und – mit viel Einsatz von Frauenrechtlerinnen – der Lehrerin wurden professionalisiert, Fachwissen gewann an Bedeutung, Pluralität nahm zu, Untertänigkeit gegenüber dem Monarchen stand nicht mehr im Zentrum. Neue Lehrinhalte wie Gesundheits- und Hygieneverhalten prägten den Unterricht; wobei zur Modernisierung auch die Nationalisierung gehörte: mehr deutsche Sprache und mehr deutsche, also moderne Geschichte. Speziell an den Gymnasien wurden die alten Sprachen reduziert und Sport, aber auch der Englischunterricht ausgebaut.[59]

Als Teil einer Klassengesellschaft blieb die Schule zweifellos eine auf Klassen fixierte und Klassen zementierende Einrichtung. Und doch erhöhte sich die Bildungsmobilität. Der Anteil der Kinder auf weiterführenden Schulen nahm zu: Unter den preußischen Kindern im schulpflichtigen Alter bis vierzehn Jahren wuchs er von 3,6 Prozent im Jahr 1864 auf 5 Prozent im Jahr 1911. Dabei kamen nahezu alle Besserstellungen fast ausschließlich den Knaben zugute, und die Stadtkinder blieben gegenüber den Dorfkindern extrem bevorzugt. Doch auch die Dorfschulen wurden reformiert. Und dank der starken Lobbyarbeit von Frauenrechtlerinnen, die eine Politik der kleinen Schritte betrieben, kamen allmählich auch die Mädchen in den Genuss einer höheren Schulbildung.[60] Zu den großen Schulreformen gehörten die neuen ministeriellen Bestimmungen in Preußen von 1894, die den

Lehrplan der Mädchenschulen modernisierten und die wissenschaftliche Prüfung für Lehrerinnen einführten. In Karlsruhe gründete Hedwig Kettler 1893 das erste Mädchengymnasium, doch die ersten regulären Abiturientinnen kamen 1896 aus den Gymnasialkursen Helene Langes in Berlin: sechs junge Frauen. Der Allgemeine Deutsche Lehrerinnenverein, 1890 gegründet, wurde zu einem Kristallisationspunkt der Frauenbewegung, dem 1905 bereits 20000 Mitglieder angehörten.[61]

Die Universitäten öffneten sich ebenfalls für Frauen: zuerst 1899/1900 in Baden, 1908 dann in Preußen und 1909 folgte wie fast immer als deutsches Schlusslicht das Land Mecklenburg-Schwerin. Deutschland war alles in allem im internationalen Vergleich auch mit seiner Frauenbildungspolitik, anders als lange behauptet, nicht besonders reaktionär.[62] Die Bildungschancen erlaubten ein ganz neues Verständnis von der Rolle der Frau. Bildung und Studium ermöglichten ihren sozialen Aufstieg, erstmals nicht als Tochter oder Ehefrau über die Familie, sondern als selbstbestimmtes Subjekt über den Beruf.[63] Weitere Reformen wie die Einführung der Zivilehe 1875 begannen, das Band der Familie zu lösen, das die Frauen in patriarchalischen Strukturen festgehalten hatte. Als großer Freiheitsgewinn erwies sich die wachsende gesellschaftliche Anerkennung eines neuen Lebensmodells: der Frau als Single – wozu ein Beruf unabdingbar war.

Überall entfaltete sich die Erwachsenenbildung; sie war ein wichtiger Teil der immer mehr ins Zentrum rückenden Hilfe zur Selbsthilfe. Arbeiter- und Handwerkerbildungsvereine entstanden. Einige der ersten Parlamentarierinnen der Weimarer Republik hatten im Kaiserreich in diesen Kursen gesessen und sich vom Dienstmädchen zur Gewerkschaftsfunktionärin oder Sozialarbeiterin fortgebildet. In dieser Zeit entstanden auch die ersten Volkshochschulen.[64]

Bildung wurde dabei häufig mit freiheitlich-demokratischen Tugenden verknüpft. »Es ist nicht der schlechteste Charakterzug unserer Zeit, daß der blinde Autoritätenglaube zu schwinden beginnt, dass das Verlangen nach Belehrung alle Kreise unseres Volkes ergriffen hat«, hieß es etwa in den *Blättern für Volksgesundheitspflege*. Durch die Popularisierung der Wissenschaft werde »sich unser Volk mit der Zeit auch zur innerlichen Freiheit durchringen«.[65] Neue Schultypen entwickelten sich: Die Realschule diente dazu, den Knaben das neue technische Wissen nahezubringen, und trug zur engen Verbindung von Wissenschaft und Industrie bei.

Kinder und Jugendliche rückten in den Fokus, galten sie doch ähnlich wie Frauen als besonders benachteiligt und schützenswert. Maria Montessori begann, in den Armenvierteln Roms Kinder zu unterrichten, und wurde weltweit rezipiert. Der Jugendschutz nahm seinen Anfang. Kinder und junge Menschen sollten vor Alkohol, »Schundliteratur« und anderem »Schmutz« bewahrt werden – oft mit einer problematischen staatlichen Übergriffigkeit. In der Reformpädagogik meldeten sich Frauen und Männer zu Wort, die sich gegen eine »Prügelpädagogik« wandten und das Recht auf ein »volles starkes persönliches Kinderleben« einforderten.[66] Frauenrechtlerinnen setzten sich mit anderen Zeitgenossen für einen Sexualkunde- und Aufklärungsunterricht ein.[67] Die pädagogischen Aufbrüche waren vielfältig und widersprüchlich, nicht alle waren freiheitlich und progressiv. Aber die Pädagogik im Kaiserreich allein als Erziehung zu Autoritätsgläubigkeit oder »Kadavergehorsam« zu verstehen, wäre eine Verkürzung.

Der Wandervogel brach über die jungen Menschen herein wie ein Wunder: Jugendliche, sowohl Jungen als auch Mädchen, sollten autonom ihre freie Zeit gestalten, in die Natur ziehen, ihre Gesundheit und zugleich ihre Freiheit fördern –

so das Programm des 1901 gegründeten Vereins, das viele in die Tat umsetzten und das eine ganze Generation prägte. 1874 führte der Lehrer Konrad Koch das aus England stammende Fußballspiel in Deutschland ein, um die männliche Jugend zu Spiel und Bewegung im Freien zu ermutigen. Es würde sich zu einer der männlichsten und demokratischsten Sportarten entwickeln.[68]

Auf allen Feldern gewann der Sport an Bedeutung. 1903 fand die erste Tour de France statt (als eine Werbeaktion der Zeitschrift *L'Auto*), und 1906 verlief die Route durch das seit 1871 zum Deutschen Reich gehörende Lothringen. Das rief in Frankreich Begeisterung hervor: eine kleine Revanche! Die Station im lothringischen Metz wurde von nun an ein jährlicher Höhepunkt mit Marseillaise-Gesang und französischer Beschilderung – bis die gekränkte deutsche Regierung das Spektakel 1911 verbot.[69]

Die Freiheit des Körpers

Die Befreiung der Frau ereignete sich nicht zuletzt am Körper. Das eng geschnürte Korsett wurde für Aktivistinnen und moderne Ärzte geradezu ein Symbol der alten Herrschaft: irrational, ungesund, der Gleichheit und der Volksgesundheit im Weg. Frauen zogen bequeme Badeanzüge an. 1896 gründete sich der Verein zur Verbesserung der Frauenkleidung.[70]

Während das Automobil in Deutschland noch lange ein Luxusgut blieb, an dem sich Wohlhabende und der Kaiser erfreuten, drang das Fahrrad in den Alltag ein. Für viele Frauen bedeutete es eine sensationelle Erweiterung des Aktionsradius. Die amerikanische Frauenrechtlerin Elizabeth Cady Stanton soll über das Fahrrad gesagt haben: »Die Frau fährt auf dem Fahrrad zum Wahlrecht.«[71] Der Zusammenhang von Fahrrad und Emanzipation stand den Menschen deutlich vor Augen. In einem populären Roman von 1895 macht sich eine einfache Angestellte auf, um mit dem Fahrrad die Welt zu umrunden. »[D]ie Puppen sind wir nicht mehr, die man mit bunten Flittern behängt und dafür an Küche und Kinderstube festschmiedet«, erklärt eine weibliche Romanfigur. »Die Kunst gehört uns so gut wie den Männern, und die Wissenschaft auch. Am ehesten aber gehört uns alles das, was den Menschen gesund und fröhlich macht, der Schlittschuh und das Zweirad, der Ball und das Ruder.«[72]

Für die Arbeiterinnen waren aber die Entwicklungen im Arbeitsschutz wesentlich wichtiger: die Senkung der Arbeitszeit (die 1891 speziell für Frauen gesetzlich auf elf Stunden festgelegt wurde), das Engagement für einen weniger gefährlichen Arbeitsplatz, die Fabrikinspektion zur Absicherung solcher Regelungen oder der Mutterschutz. Die »geschützte Arbeiterin« wurde regelrecht zu einem Symbol für die neuen Aufgaben des Sozialstaates.[73]

In die Logik von der physischen Befreiung der Frau gehörte auch das Engagement gegen Prostitution, die progressiven Reformerinnen wie Anna Pappritz oder Lida G. Heymann als Gipfel der Entwürdigung von Frauen galt. Häufig verband sich der Kampf gegen Prostitution mit dem Kampf gegen Alkohol, für ein besseres Familienleben oder für gute hygienische Bedingungen. Den wenigsten Frauenrechtlerinnen ging es dabei darum, Prostitution zu einer anerkannten Sexarbeit zu machen. Vielmehr sahen sie sich weltweit als »Abolitionistinnen« – als Kämpferinnen gegen ein Unrecht, das sie mit der Sklaverei gleichsetzten.[74]

Sexualität entwickelte sich zum Modethema. Reformerinnen und Reformer sprachen von der »Sexualnot der Jugend«, und in lauten Debatten wurden Forderungen nach mehr

Freiheit einerseits oder nach mehr Zucht und Disziplin andererseits laut. Frauenrechtlerinnen und Sexualaufklärerinnen wie Johanna Elberskirchen oder Helene Stöcker riefen eine neue Zeit der freien Liebe aus.

Magnus Hirschfeld begann mit seinen Sexualstudien. Obwohl er heftigen Diskriminierungen und Anfeindungen ausgesetzt war, kann er als typisch für die Pluralisierung der Gesellschaft vor dem Ersten Weltkrieg gelten. 1897 gründete er in Berlin das Wissenschaftlich-humanitäre Komitee, die erste Organisation der Welt, die sich für die Rechte von Schwulen und gegen die Kriminalisierung von Homosexualität einsetzte. Wie so viele in den Reformbewegungen griff auch er zum Instrument der Petition, das in Artikel 23 der Reichsverfassung vorgesehen war. Hirschfeld forderte, den Paragraphen 175 gegen Homosexualität abzuschaffen. Seit 1899 gab er ein *Jahrbuch für sexuelle Zwischenstufen* heraus. Bei seiner Forschung griff Hirschfeld auf die Arbeiten von Karl Heinrich Ulrichs zurück, der bereits 1867 in München auf dem deutschen Juristentag die Straffreiheit für homosexuelle Praktiken gefordert hatte.[75]

Auch diese Bewegung agierte international. Und auch hier galt der kompetitive Nationaleifer. Helene Stöcker schrieb über den ersten Internationalen Kongress für Mutterschutz und Sexualreform, der 1911 in Dresden stattfand, alle internationalen Gäste seien sich einig gewesen, dass im Hinblick auf die Sexualreform »in keinem anderen Lande die geistige Bewegung so weit fortgeschritten und die Behandlung der Probleme so entwickelt« sei wie in Deutschland.[76]

Allerdings: Je mehr die Wissenschaft erkundete, je tiefer sie drang, desto deutlicher wurde, wie viel sie nicht erklären konnte. Auch angesichts der zunehmenden Säkularisierung und Differenzierung von Staat und Religion sowie abbrechender holistischer Deutungen wurde die Welt immer rätselhafter. Und so entstanden zahlreiche pseudowissenschaftliche Disziplinen: Rassismus etwa, Antisemitismus oder Eugenik. Sie müssen nicht zuletzt im Kontext der Heilslehren verstanden werden, die in jener Zeit aufkamen: der Anthroposophie oder der verschiedenen Naturheilkunden.[77]

In der sogenannten Sexualhygiene und teilweise auch in der Sexualwissenschaft ging es häufig um den Volkskörper oder regelrecht um die Zucht einer gesunden Bevölkerung. Auch hier konnten sich aus der Inklusion Abgrenzung und Rassismus entwickeln. Die progressive schwedische Frauenrechtlerin Ellen Key, die weltweit geschätzt und gelesen wurde, setzte sich für Euthanasie ein, ebenso Helene Stöcker oder Margarete Sanger in den USA. Das Engagement für gesunde Lebensverhältnisse der Armen ließ sich nicht von der »Sozialhygiene« trennen, und der sehr erfolgreiche Kampf gegen die Säuglingssterblichkeit ging Hand in Hand mit der Bekämpfung eines »planlosen Fortpflanzungsverhaltens« von »Minderwertigen«.[78]

Angesehene und progressive Ärzte und Sozialwissenschaftler in den USA wie der Mediziner Woods Hutchinson hielten die Institution der Ehe für auflösbar und das kirchliche Scheidungsverbot für falsch, wenn es um die »race loyality« ging, wenn sich also ein Mann oder eine Frau mit einer nach den rassistischen Vorstellungen »reineren« Person zusammentat, um mit ihr »reinrassige« Kinder zu bekommen. In einigen US-amerikanischen Staaten wurden Sterilisierungsprogramme für Menschen mit Behinderung durchgeführt. Häufig waren Mädchen und Frauen aus den unteren Schichten die Opfer.[79]

Wer waren die Akteurinnen, wer die Akteure? Wenn man Reformbewegungen weit definiert, dann gehörten alle Schichten dazu. Auf sämtlichen Feldern etwa waren sozialistische Arbeiterinnen und Arbeiter, aber auch Adlige und Bürgerliche aktiv. Häufig gehörten zur Bewegung Persönlichkeiten, die ihr Engagement und ihre Mission direkt in die große Politik umsetzten, wie Theodor Heuss, Elly Heuss-Knapp, Marie Juchacz, Johannes von Miquel oder, um ein Beispiel aus den USA zu nennen, Theodore Roosevelt. Typisch für die deutschen Reformbewegungen scheint der hohe Anteil an Beamten gewesen zu sein. Das lag wohl daran, dass in Deutschland die Position des Staatsdieners prestigeträchtig war und die klügsten Köpfe anzog.[80] In den meisten Industriestaaten entwickelten Bürger und Bürgerinnen ein starkes Mäzenatentum. Das deutsche Bürgertum war darin führend, was man stolz zur Kenntnis nahm. Seine Spenden übertrafen mit rund fünfzig Milliarden Mark nicht nur das Aufkommen in Großbritannien, sondern auch in den Vereinigten Staaten.[81]

Viele Frauen in der Reformbewegung argumentierten innerhalb der alten Geschlechterrollen, doch zogen sie daraus häufig emanzipative Schlüsse: Gerade sie als Frauen, die für Haus, Kind und Herd zuständig seien, müssten in der sozialen Frage mitbestimmen können. Die häuslichen Bereiche der Gesundheit, der Hygiene, der Erziehung – sie gehörten in die Politik. Die Historikerin Paula Baker spricht von einer »Domestizierung der Politik«, die von den Frauen im 19. Jahrhundert betrieben worden sei.[82] Gesundheit und der Körper entwickelten sich zur Staatsaffäre: Das Private wurde politisch – auch deswegen traten die Frauen auf den Plan.[83] Das war womöglich der größte Inklusionsprozess des Kaiserreichs.

Neben dem Beruf der Lehrerin ergriffen viele Frauenrechtlerinnen den der Ärztin. Auch hier sahen sie sich ganz im »weiblichen« Aufgabenfeld der Gesundheit, der Armenpolitik und der Nächstenliebe. »Konsultation 10 Pfennige. Für Unbemittelte kostenlose Arznei«, schrieben die promovierten Medizinerinnen Emilie Lehmus und Franziska Tiburtius auf das Türschild ihrer 1877 in einem Berliner Hinterhof eröffneten Klinik für Frauen und Kinder. »Wir zweifeln nicht, daß es gelingen wird, langsam die Welt mit dem Kulturfaktor der Hygiene zu erfüllen«, war die Frauenrechtlerin und Unternehmerin Hedwig Heyl überzeugt.[84]

Das reformerische Engagement zeigt weltweit die Stärke der Zivilgesellschaften vor dem Weltkrieg. Für Deutschland wird erneut die Dominanz des Bürgertums deutlich. Vermutlich ist es ein Missverständnis, die Zeit um 1900 – inspiriert von Max Webers Kritik am Bürgertum – als den Beginn einer nachbürgerlichen Moderne zu interpretieren.[85] Selbst die alternativen Lebensmodelle dieser Jahre, egal ob Lebensreformbewegung oder künstlerische Avantgarden, stehen – intensiv gefördert durch bürgerliche Initiativen – eher für zunehmende Diversität und für den bürgerlichen Inklusionsprozess. Falls Bürgerlichkeit definiert wird als Hochschätzung von Leistung und Bildung, als eine Kultur des Kommunikativen, vielfach geprägt durch einen städtischen Lebensstil, so lässt sich eine Verbürgerlichung der unteren, aufstiegsorientierten Schichten feststellen.[86] Der große sozialdemokratische Einsatz für Erwachsenenbildung beförderte die Verbürgerlichung der Arbeiterbewegung, ihre Mäßigung und ihre Inklusion.

Eine junge Hamburgerin, die während ihres Hilfseinsatzes bei der Cholera erstmals in Berührung mit armen Menschen kam und erschüttert war über »das unendlich traurige Elend der unteren Bevölkerungsschichten«, steht für eine sozialethische Wende: Armut galt zunehmend als eine Ungerechtigkeit, deren Milderung nicht länger nur ein religiöses Gebot darstellte, sondern deren Bekämpfung sich für immer mehr Menschen zu einer regelrechten Bürgerpflicht entwickelte.

Seit der Mitte des 19. Jahrhunderts hatten sich kleine Arbeitervereine zur Selbsthilfe gebildet.[87] Nun erfuhr das Anliegen, dem Proletariat Gerechtigkeit zu verschaffen, immer breitere Anerkennung. Auch dadurch wuchs die Kraft der Sozialdemokratie. Diese Jahre waren eine Zeit des Klassenkampfes, der wachsenden Ungleichheit, die Wohlhabenden und Mächtigen verteidigten ihre Privilegien bis aufs Blut, und ein offensichtlich gerechtfertigtes Anliegen wie das der Chemnitzer Arbeiter nach einer fairen Arbeitszeit wurde mit Füßen getreten. Aber die unterschiedlichen Klassen waren keine monolithischen Einheiten. Neben den Arbeitern und Arbeiterinnen selbst, die für mehr Gerechtigkeit kämpften, engagierten sich auch wohlhabende und oft gebildete Personenkreise für dieses Ziel. 1872 initiierten führende Ökonomen wie Gustav Schmoller oder Adolph Wagner den Verein für Socialpolitik, der starken Einfluss auf Bismarck ausübte. Vereinsmitglieder argumentierten gegen den liberalen Standpunkt staatlicher Zurückhaltung und plädierten für eine aktive Sozialpolitik. Immer wieder würde der Verein in die Debatten um Sozialreformen eingreifen. Seine Mitglieder wurden als »Kathedersozialisten« verspottet. Gleichwohl drängte sich die »soziale Frage« immer mehr in die Öffentlichkeit und ins Bewusstsein. Bürgerinnen und Bürger, Professoren und Rittergutsbesitzerinnen, der Kaiser und der Papst: Alle fühlten sich aufgefordert. Die Armen waren dem Bürgertum durch die Urbanisierung und die Massenpresse sichtbar geworden, sie waren leibhaftig da, saßen in der Straßenbahn, in Deutschland lebten sie oft im selben Gebäude, im Keller oder im Hinterhof, sie schauten im Kaufhaus auf die gleichen Waren, weckten mit Massendemonstrationen auf den Straßen Angst und Schrecken und sorgten als Kinder mit hungrigen Augen vor dem Metzgerlagen für Mitleid.

Aus den Lehren von Marx und Engels, aus den Arbeitervereinen, aus der Empörung über das Unrecht formte sich der Sozialismus als mächtige, überaus einflussreiche Bewegung. Der Wille, Armut zu bekämpfen, demokratisierte sich nachgerade und wurde zu einem die ganze Nation umspannenden und zugleich die Grenzen sprengenden Projekt, darauf verweist die Historikerin Gertrude Himmelfarb.[88] Die Grundüberzeugung setzte sich weithin durch, dass Menschen eine Wahl haben und nicht dem Schicksal ausgeliefert sein sollten (»from fate to choice«, wie es der Soziologe Peter L. Berger formuliert hat); dass Menschen die Welt verbessern können und es ihre Pflicht sei, das zu tun; dass der Mensch im Mittelpunkt staatlichen Handelns stehen müsse.

Die Geschichte der Skandalisierung von Armut kann leicht mit der Geschichte der Armut selbst verwechselt werden. Das ist verständlich, denn Eklats tauchen die Probleme wirkungsvoll in grelles Licht, so dass sie den Zeitgenossen ebenso wie der Nachwelt ins Auge fallen. Bis heute wird immer wieder mit mahnenden Worten auf die Verelendung der Industriearbeiter im Kaiserreich verwiesen – auf eine nie dagewesene Armut. Keine Frage: Die Not war noch groß. Doch das Neue und Außergewöhnliche an der ökonomischen Lage war, dass der wachsende Wohlstand selbst den Ärmsten zugutekam. Das revolutionäre Brodeln und das mildtätige Summen waren Kinder der kapitalistischen Ordnung, obwohl sie sich in vielerlei Hinsicht gegen diese wandten und sie erfolgreich reformierten und zähmten.

Im Deutschen Reich war man besonders stolz auf den hohen sozialen Standard. Die Sozialversicherungen, die in den achtziger Jahren von der Regierung und dem Reichstag auf den Weg gebracht wurden, waren eine Reaktion auf die immer stärker als Bedrohung empfundenen Sozialisten. Sie müssen also als ein Ergebnis sozialistischer Politik und Revolutionsrhetorik verstanden werden. Doch sie gehören auch in den Kontext der wachsenden Forderungen nach einer guten Sozialpolitik, die sich nicht zuletzt aus den langen religiösen und bürgerlichen Traditionslinien der Armenhilfe ergaben. In einer parlamentarischen Begründung für ein Arbeiter-Versicherungsgesetz vom März 1881 wird zunächst auf die kritische Lebenslage in der Arbeiterschaft hingewiesen: die »Unsicherheit des lediglich auf der Verwerthung der persönlichen Arbeitskraft beruhenden Erwerbes«. Darauf folgt ein bemerkenswertes Bekenntnis zum Sozialstaat: Es gehöre zur »modernen Staatsidee«, dass dem Staat die Aufgabe obliege, »das Wohlergehen aller seiner Mitglieder und namentlich der schwachen und hülfsbedürftigen positiv zu fördern«. Im »Gegensatze zu dem des Alterthums und des Mittelalters« anerkenne der »moderne Staat« die »Armenpflege« als »eine ihm obliegende Aufgabe«.[89]

1883 wurde die Krankenversicherung eingeführt, die alle gewerblichen Arbeiterinnen und Arbeiter zur Mitgliedschaft verpflichtete. 1884 folgte die Unfallversicherung, 1889 die Alters- und Invaliditätsversicherung. Die Versicherungen waren hochumstritten, zunächst bei vielen unbeliebt, um schließlich von den meisten als eine positive Selbstverständlichkeit betrachtet zu werden, die man nicht mehr missen wollte.

1891 waren bereits sieben Millionen Menschen krankenversichert, siebzehn Millionen unfall- sowie elf Millionen alters- und invaliditätsversichert. Die Gesetze hatten ihre Defizite, die Zahlungen boten oft zu wenig zum Leben, und die Situation von Frauen blieb weitgehend unberücksichtigt – und doch waren sie Ausdruck eines Paradigmenwechsels: Nicht nur fielen die Zahlungen höher aus als die Armenhilfe, sie waren in erster Linie ein erworbener Rechtsanspruch. Sie bestärkten vor allem die Männer in ihrem politischen Selbstbewusstsein.[90] Das systematische Versicherungsnetz stieß weltweit auf Bewunderung. Auch das republikanische Frankreich orientierte sich in seiner Sozialgesetzgebung am Deutschen Reich.[91]

Die allgemeinen Verbesserungen im Alltagsleben der Bevölkerung waren freilich ein internationales Phänomen. Das wird etwa bei der Arbeitszeitverkürzung deutlich. Seit den sechziger Jahren des 19. Jahrhunderts kehrte sich der mit der Industrialisierung zunächst einhergehende Trend zur Ausdehnung der Arbeitszeiten um. Dafür gab es zahlreiche Motive. Zum einen war mit rund 80 bis 85 Stunden in der Woche (14 bis 16 Stunden täglich) schlicht die Grenze der menschlichen Belastbarkeit erreicht. Die vermeintlich unhaltbare Beschleunigung und Expansion des Kapitalismus fanden aber noch weitere Grenzen. Wie schon zuvor bei der preußischen Gesetzgebung zur Regulierung der Kinderarbeit spielte dabei das humanitäre Engagement der Bürger und Bürgerinnen eine Rolle. Noch wichtiger war freilich die Arbeiterbewegung, die sich die Arbeitszeitverkürzung schon früh auf die Fahnen geschrieben hatte.[92]

1900 wurde die tägliche Arbeitszeit auf zehn Stunden begrenzt und 1891/92 die Sonntagsruhe gesetzlich festgesetzt, in Frankreich 1906.[93] Aber erst die Weimarer Republik würde wie alle Mitglieder der 1919 gegründeten Internationalen

Arbeitsorganisation (ILO) den Achtstundentag einführen. Allerdings hatten einige Großunternehmen diese Beschränkungen bereits im Kaiserreich umgesetzt: 1884 die Degussa als erstes deutsches Unternehmen, dem 1889 Großbritannien mit den Gasarbeitern in London folgte. Weitere Unternehmen schlossen sich an, 1900 etwa das Zeiss-Werk in Jena, 1904 Bosch. Sie waren wichtige Vorbilder, weil ihre ungebrochene Wirtschaftskraft zeigte, dass die Arbeitszeitbeschränkung weder zu Produktions- noch zu Lohneinbußen führte, wie die Gegner lautstark behaupteten.[94]

Gesundheit für alle

»Der demokratische Staat will das Wohlsein aller Staatsbürger, denn er erkennt die gleiche Berechtigung Aller an«, hatte Rudolf Virchow 1848 erklärt. Nun war für ihn und seine Hygieniker-Kollegen wie Max von Pettenkofer oder Paul Albrecht Börner die Zeit gekommen, die alten Träume in die Tat umzusetzen. »Die Bedingungen des Wohlseins sind aber Gesundheit und Bildung«, so Virchow weiter, »und die Aufgabe des Staats ist es daher, die Mittel zur Erhaltung und Vermehrung der Gesundheit und Bildung [...] zu gewähren.«[95] Reformer und Reformerinnen dachten in großen Zusammenhängen. Seit den achtziger Jahren wurden Vorstellungen von der »Gesundheit Aller«, von »Selbstthätigkeit« und Selbstverantwortung des freien Bürgers als Einheit gedacht; darauf hat die Politikwissenschaftlerin Gundula Ludwig aufmerksam gemacht; mit diesen Lehren haben Hygienikerinnen ebenso wie Hygieniker zu einem demokratischen Subjektverständnis beigetragen.[96] Der Berliner Arzt Friedrich Rubinstein erklärte 1893, es müsse in der Medizin um das »Princip der Gleichberechtigung Aller« und die »individuelle Selbständigkeit« gehen. Strukturelle Reformen und der Appell an das mündige Individuum gehörten für diese Reformer zusammen. Private Handlungen wurden politisch.[97]

Hygienische Verhältnisse entwickelten sich zum Standard »zivilisierter« Städte – selbst Hamburg hatte das nach der Cholera erkannt. Menschen sollten ausgeglichen essen, sich zweckmäßig kleiden, in hellen Häusern leben. Der Körper – seine Unversehrtheit und seine Würde – wurde zu einem zentralen Reformfeld. Die Neudeutschen, Linksradikalen, Naturliebhaberinnen und Nackttänzer in ihren Bio-Siedlungen oder auf dem Monte Verità waren nur ein extremer Ausdruck dieser Prozesse, die das Leben nahezu aller Menschen veränderten und verbesserten. Der sozialdemokratische Reichstagsabgeordnete Karl Frohme kommentierte 1893 anlässlich der Hamburger Cholera: »Man sollte sich doch mehr all den Fragen zuwenden, welche die eigentlich entscheidenden sind, und da steht die Frage der Volksernährung, die Frage, wie das Volk wohnt, kurzum die Frage nach seiner ganzen Lebenshaltung obenan.«[98]

Es lohnt sich, einen genaueren Blick auf den Zusammenhang von Gesundheitsdiskursen und Massenpolitisierung zu werfen, können sie doch exemplarisch veranschaulichen, wie die Reformen und die Sorge um den Körper die Masseninklusion und die Demokratisierung befördert haben. Ein Großteil der reformerischen Energie wurde auf die Wohnungsfrage verwendet, denn hier trafen sich entscheidende politische und zivilgesellschaftliche Bemühungen, seien es Städtebau, Hygienemaßnahmen, Kriminalitätsbekämpfung, Förderung des Familienlebens oder der für viele als zentral geltende Kampf gegen Alkohol und Prostitution.[99]

1887 erfanden in Potsdam die Fotochemiker Adolf Miethe und Johannes Gaedicke das Blitzlichtpulver als eine Mischung aus Magnesium, Kaliumchlorat und Schwefelantimon.[100] Damit konnten die Armenwohnungen und die düstere Stimmung in den Räumen fotografisch festgehalten werden. Die neue Technik trug dazu bei, dem Bürgertum buchstäblich die Augen zu öffnen und ihm die ganze Armseligkeit und Not der unterbürgerlichen Schichten zu offenbaren. Bilder dienten seit der Aufklärung dazu, Mitleid zu wecken und Reformen zu befeuern. Mit Bildern von misshandelten schwarzen Menschen hatten Abolitionistinnen und Abolitionisten gegen die Sklaverei gekämpft. In der ersten Hälfte des 19. Jahrhunderts kamen zunehmend Grafiken über die Not der Armen in Umlauf. Es ist bezeichnend, dass die erste gedruckte Fotografie der Pressegeschichte die Armut anklagte: 1880 zeigte die *New York Daily Graphic* Elendsquartiere in der Ostküstenmetropole.[101]

Tatsächlich hausten Arme in erbärmlichen Verhältnissen. Überall war von »Wohnungsnot« die Rede. Besonders berüchtigt waren die feuchten, verdreckten Kellerwohnungen. Teilweise lebten die Ärmsten in den Räumen frisch gebauter Häuser, um diese gegen einen geringeren Mietpreis »trocken zu wohnen«. In Mittel- und Nordeuropa war es nicht unüblich, dass einer Familie nur eine Einraumwohnung zur Verfügung stand. 1895 galten in Berlin mehr als 13 Prozent der Wohnungen als überfüllt, das heißt, in diesen Quartieren lebten fünf und mehr Bewohner pro heizbarem Zimmer. Europaweit war das Schlafgängerwesen verbreitet, bei dem Familien einem Untermieter einen Schlafplatz zur Verfügung stellten.[102] Dienstmädchen hatten nicht immer wie die Hamburgerin Doris Viersbeck und ihre Kollegin ein Zimmer; oft mussten sie in Verschlägen über der Küche oder im Bad schlafen, zuweilen stand ihnen nur ein Bett zur Verfügung, das am Abend aufgeschlagen wurde. »Wie es ein finsteres Afrika gibt, gibt es nicht ebenso ein finsteres England?«, klagte Ende der achtziger Jahre William Booth, der Begründer der

Heilsarmee, mit einem bezeichnenden Vergleich, der den kolonialen Horizont der Zeit verdeutlicht.[103] Die Manifestation sozialer Ungleichheit in den Wohnungen ließ die Armut besonders skandalös erscheinen. Dass ein Arbeitgeber »eine prächtig eingerichtete Wohnung sein eigen nennt und außerdem noch eine gleich prächtige Villa für den Sommer [...], während seine Arbeiter in Kellern und Bodengelassen elend hausen«, empörte sich ein konservativer Reformer, »ist in unserem socialen Zeitalter nicht mehr zulässig«.[104]

Diese Wohnverhältnisse wurden nun im ganzen nordatlantischen Raum mit jenen bedrückenden Schwarz-Weiß-Fotos dargestellt. Der dänisch-amerikanische Journalist Jacob Riis gab in seinem Buch *How the Other Half Lives: Studies Among the Tenements of New York* 1890 mithilfe der neuen Blitzlichttechnik einen bewegenden Einblick in das Leben der Armen: Menschen in zerschlissener Kleidung liegen in viel zu engen Räumen auf Matratzen, Mütter wiegen ihre Säuglinge in verdreckten, mit Alltagsutensilien vollgestopften Wohnungen.

Die neue Sichtbarkeit der Armut ließ die – unzutreffende – Vermutung aufkommen, elende Behausungen seien ein neues Phänomen. Tatsächlich verbesserten sich alles in allem die Verhältnisse ab den siebziger Jahren. Allerdings variierten die Bedingungen von Stadt zu Stadt und von Land zu Land stark; in Hamburg etwa hatte die Cholera 1892 auch deswegen ausbrechen können, weil die liberal-konservativen Stadtväter kaum etwas für die Armenviertel und die proletarischen Wohnquartiere unternommen hatten.

Diejenigen, die Armut ans Licht brachten und skandalisierten, verstanden sich häufig als Sozialreformer. Riis erklärte, dass es die Umstände seien, die Armut produzierten. Er forderte dazu auf, den Armen effektiv zu helfen. Die Bürgerinnen und Bürger wiesen diese Mahnung nicht zurück, sondern diskutierten die Reformansätze, wurden aktiv, und häufig wirkten sie auf Gesetzesinitiativen hin.[105] Ebenso entstanden in Europa große Studien, die nach Ursachen der Armut fragten und die Zivilgesellschaft aufrüttelten.[106]

Auch die Wohnungsreform war ein internationales Phänomen. Die Community der Stadtplaner, eine wichtige Gruppe auf diesem Feld, war besonders stark über Landesgrenzen hinweg vernetzt. Sie traf sich auf internationalen Kongressen, man stand in intensivem Austausch über Wohnungsbaunormen, Verkehrslenkung, Grünanlagen oder Abwasserkanalisation. Während der Weltausstellung von 1900 in Paris fand erstmals parallel ein internationaler Architekturkongress statt, auf dem Hausbaureformen diskutiert wurden.[107] Einige Männer und Frauen entwickelten eine neue Ästhetik, kühn und kühl, die in vielem das Bauhaus vorwegnahm. In Deutschland gründete sich 1907 der Werkbund, und Gebäude von großer Klarheit entstanden. Peter Behrens etwa plante die 1909 gebaute AEG-Turbinenfabrik in Berlin-Moabit, und Bruno Taut stellte das magische Glashaus für die Werkbund-Ausstellung 1914 in Köln auf.

Für viele aber lag das Heil schlicht auf dem Land. Dort, so waren sie überzeugt, seien die Lebensbedingungen grundsätzlich besser. Doch dieser Eindruck war falsch.[108] Die romantischen Vorstellungen vom glücklichen Landleben unter Linden und in sauberen Stuben gingen häufig mit einer Kritik an den Großstädten und der Moderne einher.[109] Konservatives, teils reaktionäres Gedankengut war unter den Reformorientierten wohl mindestens so häufig anzutreffen wie progressives oder sozialistisches. Das diffuse ideologische Spektrum integrierte und mobilisierte einen großen Teil der Bevölkerung.

Bei Dresden entstand 1909 mit Hellerau eine der ersten Gartenstädte, die nicht zuletzt ein Statement gegen die Differenzierungsprozesse der Moderne waren. Die Gartenstadt-Visionen zielten auf den gesunden Volkskörper, auf glückliche Kinder im Garten des Einfamilienhauses, auf Väter, die abends zu ihren sauberen Familien heimkehren, anstatt in der Kneipe das Geld zu versaufen und den Umsturz zu planen. Wie schon bei Pastor Friedrich von Bodelschwinghs Idee des »Arbeiterheims« ging es um die »Aufrichtung des zerfallenen häuslichen Herdes unter den Fabrikarbeitern«, also um die Heilung der nach Ansicht vieler bürgerlicher und proletarischer Reformer zerstörten Familie.[110] Die schon in der ersten Hälfte des 19. Jahrhunderts vorgebrachten Klagen über die Entsittlichung des Fabrikarbeiters wurden lauter.[111] Das Ideal, das vielen Reformern für die proletarische Klasse vorschwebte, war die Rückkehr ins Patriarchat des selbstbewussten Eigentümers.

Viele der Reformerinnen und Reformer aber setzten sich dafür ein, die Armen selbst zu ermächtigen. Die Sozialdemokratie war dabei zweifellos der stärkste Nachweis proletarischer Selbstermächtigung. Doch es kam auch zu bürgerlichen Initiativen. 1884 gründeten die Sozialreformerin Henrietta Barnett und ihr Ehemann im Londoner Armenviertel East End die Toynbee Hall. Das war ein entscheidender Auftakt zur Settlement-Bewegung, bei der sich die Gebildeteren und Wohlhabenderen in den städtischen Elendsvierteln ansiedelten und solidarische Hilfe zur Selbsthilfe anboten. Die Initiatoren von Toynbee Hall organisierten Unterricht in Arithmetik, Zeichnen, Politik oder Musik. Für Mädchen waren Nähkurse, Komposition, Sticken oder auch Hygienekurse vorgesehen. Die Bewegung faszinierte das Bürgertum weltweit und breitete sich international aus.[112] In Deutschland lässt sich das 1901 gegründete »Volksheim« dazurechnen.

Viele Regierungen griffen die Vorschläge aus der Zivilgesellschaft auf und bemühten sich, die notwendigen Veränderungen in Gesetzesform zu bringen. In Preußen zog sich die Verabschiedung eines Gesetzes gegen die Wohnungsnot wie zahlreiche andere Reformvorhaben angesichts der vielfältigen politischen Spannungen und sozialen Ansprüche viele Jahre hin. Bemerkenswert bleibt, dass der Staat den Wohnungsbau, der bis dahin als Privatsache und allenfalls als Anliegen der Kommunen gegolten hatte, als eigene Aufgabe erkannte.[113] Wie bei der Einführung der Sozialversicherungen in den achtziger Jahren wurde der Staat zunehmend für soziale Fragen in die Pflicht genommen.

Die Reformbemühungen trugen dazu bei, dass sich die soziale Lage vor dem Ersten Weltkrieg gegenüber dem Beginn des Kaiserreichs wesentlich verbessert hatte: Die Mieten lagen insgesamt niedriger, während die Quadratmeterzahl pro Person wuchs; die Steigerung der Reallöhne in den Jahren um 1900 fiel höher aus als der Anstieg der Mieten; deutlich mehr Wohnungen verfügten nun über Wasser und waren an die Kanalisation angeschlossen.[114] Vor allem aber hingen der erfolgreiche Kampf gegen Kindersterblichkeit und die wachsende Lebenserwartung wesentlich mit den fortschrittlicheren Wohnverhältnissen zusammen.[115]

Vergnügungen für alle

Zwar verbesserte sich das Leben der Menschen, das Elend war jedoch vielerorts weiterhin groß und bestimmte in vielen Bereichen den Alltag. Die nachlässige Durchführung der Fabrikinspektionen, die eigentlich für die Einhaltung der Arbeitsschutzgesetze sorgen sollten, erlaubte es vielen Fabrikanten, die Regulierungen zu umgehen. Kinder mussten in Europa und in den USA weiterhin hart arbeiten.[116] Bei vielen

Berufsgruppen griffen die Arbeitsschutzgesetze gar nicht, und Arbeitszeiten wurden unter der Hand verabredet.

Und doch lassen sich soziale Fortschritte und Demokratisierungstendenzen nicht übersehen. Besonders plastisch manifestierten sie sich in der anbrechenden Vergnügungskultur.[117] Die alphabetisierten Massen lasen: Zeitungen, Groschenromane, Pamphlete, Werbung. In den proletarischen Schichten entwickelte sich eine eigenwillige Freude am preisgünstigen Luxus, der sich als antibürgerliches Statement verstehen lässt: Schmuck, ein feines Tuch über der schlichten Kleidung, Alkohol – für all das gaben Arbeiter und Arbeiterinnen oft mehr aus als kleinbürgerliche Schichten.[118] Der Alltag bestand nicht länger nur aus Arbeit, und das Feiern blieb nicht auf den Sonntag beschränkt. Durch den Zehnstundentag wurde der freie Abend vielfach zur Norm. Anders als die bürgerlichen Reformer hofften, nutzten viele Proletarier die freie Zeit nicht zur Gartenarbeit und Besinnung. Sie gingen stattdessen lieber aus. Die Klagen über eine »Unabhängigkeit der jugendlichen Arbeiter« mehrten sich um 1890. Kaum breche der Feierabend an, lautete ein typisches Lamento, fühlten sich die Fabriklehrlinge »unbeschränkt« und seien »geneigt, auch von ihrer Freiheit einen ausgiebigen« Gebrauch zu machen.[119]

Die Sonntage boten ein explodierendes Angebot an Vergnügungen. Kino, Cafés, Parks und billige Gaststätten, Museen und Volkstheater wurden eröffnet. Das war oft aufregender als der Gottesdienst, und auch die Urbanisierung entzog viele Menschen dem direkten Einfluss der Kirchengemeinden und lockerte die religiösen Bindungen. Zu spät erkannten die Kirchen den Schaden und begannen damit, große Gotteshäuser zu bauen, die heute noch die Plätze der Innenstädte schmücken, häufig als letztes Überbleibsel der Kaiserzeit zwischen vielspurigen Verkehrsstraßen. Vor dem Weltkrieg kam es zu einer ersten Welle an Kirchenaustritten, zumeist waren das Freidenker, Sozialdemokraten und Sozialdemokratinnen.[120]

Den Körper erlebten viele Menschen immer öfter als Quelle der Lust und als schützens- und pflegenswertes Objekt. Die Kommunen errichteten Volksbäder. Strände öffneten. Wohlhabendere und Adlige reisten in die Ostseebäder. Bis 1907 war es am Berliner Wannsee verboten, ins Wasser zu gehen, doch schon 1912 lockten die neu eingerichteten Badeanlagen eine halbe Million Menschen an. Die Strände waren voller Verheißung und Erotik, Vorschriften für die Badebekleidung wurden revidiert und liberalisiert. Bilder von Frauen im modisch leichten Badeanzug entwickelten sich zu einem eigenen Genre.[121]

In Coney Island bei New York öffnete am Strand ein Vergnügungspark, in dem sich an einem einzigen Wochenende 500 000 Frauen, Männer und Kinder, Einheimische und Fremde trafen. In Deutschland entstanden ebenfalls erste Freizeitparks, wenn auch in bescheideneren Dimensionen. Mit ausgeklügelten Geräten und erfindungsreicher Technik wurde ein Heidenspektakel veranstaltet. Am Ostufer des Berliner Halensees versetzte der Lunapark mit einer Wasserrutsche und einem Wellenbad, mit Cafés, Tierschau und Wackeltreppen die Menschen in Staunen.

Doch die gemeinsamen Freuden konnten auch dazu führen, die Exklusion zu befördern. Soziale Aufsteiger etwa kamen bei den neuen Freizeitmöglichkeiten teilweise erstmals mit der wohlhabenden jüdischen Bevölkerung in Kontakt und fühlten sich durch die gesellschaftliche Gleichstellung provoziert. So entstand in der Reformzeit der »Bäder-Antisemitismus«: Gastwirte warben mit »judenfrei«. Einzelne Inseln wie Rügen oder Spiekeroog taten sich dabei besonders hervor. Der Central-Verein deutscher Staatsbürger jüdischen Glaubens veröffentlichte daher zur Warnung Listen mit antisemitischen Urlaubsorten. Diese Form des Antisemitismus fand sich in vielen Industrieländern. Wie in Deutschland und Österreich war Ende des 19. Jahrhunderts auch in den USA der Hinweis zu lesen: »No Dogs! No Jews!« Das neu erschlossene Ferienparadies Florida hatte bald den Ruf, extrem judenfeindlich zu sein. Der sogenannte »Resort Antisemitism« war so weit verbreitet, dass in Amerika rein jüdische Erholungsgebiete entstanden.[122]

Zu den neuen Massenvergnügungen gehörten auch die Völkerschauen: Der Lunapark oder der Hamburger Tierpark Hagenbeck griffen die in vielen Industriestaaten verbreitete Mode auf, Menschen aus anderen Erdteilen wie wunderliche Tiere zur Schau zu stellen. Vermittelten der Bäder-Antisemitismus oder die Menschenzoos den Schaulustigen nicht auch die vermeintlich besondere Qualität ihres »weißen« Körpers? Bestärkten Antisemitismus und Rassismus hier nicht geradezu die Gleichheit der »Weißen«?

Weniger Gewalt

Viele der Neuerungen adressierten direkt eine als problematisch empfundene Männlichkeit, so dass die Zeit um 1900 immer wieder als Krise der Männlichkeit bezeichnet worden ist. Tatsächlich richteten sich viele der Reformen gegen Praktiken, die als männlich galten: Saufen, Prostitution, Gewalt. Frauenrechtlerinnen empfanden die Gesellschaft mit neuen Ansprüchen an Hygiene, Wohlfahrt, Solidarität und Sozialstaat, mit Kinder- und Jugendschutz häufig als eine weiblichere Welt und nicht zu Unrecht in Teilen als ihr eigenes Werk.[123]

Auch beim Thema Gewalt drangen die politischen Normen in den Bereich des Privaten ein: Häusliche Gewalt wurde problematisiert, erste Stimmen erhoben sich, die sich der Ansicht widersetzten, ein guter Vater müsse sein Kind prügeln. Körper sollten nach den Vorstellungen der Reformerinnen und Reformer sauber und diszipliniert sein. Die aufblühende Tierschutzbewegung, die sich gegen Tierversuche wandte, der Vegetarismus, die Nacktkörperkultur zeugen von einer sich immer mehr pazifizierenden Gesellschaft. Straßenschlachten wie in der frühen und späten Weimarer Republik waren in den Jahren des Kaiserreichs und zumal vor dem Weltkrieg undenkbar.[124] Die brutale Sozialistenverfolgung der achtziger Jahre war in den Jahren vor dem Weltkrieg kaum noch vorstellbar. In den USA sorgte die Presse dafür, dass die massive, dort wesentlich schärfere Gewalt gegen Streikende zum Skandal wurde und abnahm.[125] »Raufereien, Schlägereien oder Messerstechereien« galten als verachtenswerte, als aus der Zeit gefallene Unsitte, der sich allenfalls noch der Pöbel hingab.[126] Ein weiterer Krieg in Europa schien vielen undenkbar, »barbarisch«, vor allem auch als ökonomisch sinnlos, wie der weltweit gefeierte britische Publizist Norman Angell verkündete.[127]

Es war, so empfanden es viele, eine Zeit der Feminisierung. Der neue Mann war trotz aller zähen konservativen Reformideale kein Patriarch, sondern lebte von einem Gehalt, zumeist in einem abhängigen Arbeitsverhältnis. Dank besserer Verhütungsmethoden nahm die Zahl der Geburten pro Frau ab. In den modernen Industriegesellschaften verlor die Körperkraft vielfach an Bedeutung, weil Maschinen einen Großteil der Arbeit übernahmen, weil Fahrräder mit leichtem Tritt davonfuhren, weil Zeppeline in den Wolken schwebten und Eisenbahnen, Telegrafie und Dampfkraft den Raum klein machten. Die Technik, die immer günstiger wurde und immer mehr Menschen zur Verfügung stand, gehört zu den Gleichmacherinnen der Zeit.[128]

Die Disziplinierung der Männlichkeit war kein randständiges Phänomen. Sie trug zur Gleichberechtigung der Frauen bei. Auf dem hoch komplexen Feld der Geschlechterfragen schien auch hier die einfache Regel zu gelten: Weniger Gewalt ist gut für Frauen.

3. Globalisierung

Neben der Ermächtigung der Massen trug der Kapitalismus zu einem weiteren wichtigen und schwer fassbaren Phänomen bei: zur Globalisierung. Dank Telegrafie, Eisenbahn und Dampfschifffahrt rückte die Menschheit zusammen. Der polnische Reformer und Augenarzt Ludwik Lejzer Zamenhof entwickelte 1887 mit dem Esperanto die großartige Idee einer Universalsprache, die Feindschaften und Fremdheitsgefühle abbauen und der Völkerverständigung dienen sollte.

Die Zeitgenossen nutzten auch für die Globalisierung das Bild des Wunders. »Die Weltwirtschaft ist eins der größten Wunderwerke menschlichen Scharfsinns«, schrieb der Nationalökonom Paul Arndt 1908, hier »vereinigen sich Millionen und Millionen Menschen zu gemeinsamer Arbeit, Millionen verschiedener Abstammung, verschiedenen Glaubens, verschiedener Kultur«.[1] Die ökonomischen Verflechtungen vor dem Ersten Weltkrieg waren extrem dicht, und nach den Zerstörungen der Weltkriege sollte es bis ins späte 20. Jahrhundert dauern, bis sie wieder erreicht wurden.[2] Auch hier ging es nicht ohne die Massen: Weil sich in allen Industriestaaten ein riesiges Heer an Arbeitskräften und eine ebenso große Schar kaufkräftiger Konsumenten und Konsumentinnen herausbildeten, wurde die intensive globale Vernetzung möglich.[3]

Globalisierung und Nationalismus waren zwei Seiten einer Medaille. Globalisierung wurde national empfunden und als nationaler Wettkampf gelebt – eigentlich in jedem Bereich: Wissenschaft (wer hat die meisten Nobelpreise?), Hygiene (welche anderen Länder erlebten eine Schmach wie den Cholera-Ausbruch in Hamburg?), Ausdehnung des Wahlrechts, Frauenemanzipation, Militär, Flotte und Kolonien, Kunstsinn und Schönheit der Parks. Die Wirtschaft war eine der wichtigsten Arenen der rivalisierenden Nationen. Sie befeuerte den Nationalismus, ließ den Stolz auf die eigene »travail national« oder »Deutsche Arbeit« wachsen. Bis heute erzählen sich die Deutschen beglückt die Geschichte, wie aus dem 1887 von Briten zur Kennzeichnung vermeintlich minderwertiger deutscher Plagiate eingeführten Label »Made in Germany« ein Qualitätssiegel geworden ist.[4] Frankreich hingegen tat sich schwer. Seine Bevölkerung wuchs kaum, was als dramatisch empfunden wurde, und während in Deutschland der Außenhandel um 53 Prozent und in Großbritannien um 18 zunahm, waren es in Frankreich nur 6 Prozent.[5] Die französischen Frustrationen und die britischen, vor allem aber auch die deutschen Überlegenheitsdemonstrationen sollten die internationale Politik wesentlich prägen.

So wirkten der internationale Wettbewerb, die gegenseitige Beobachtung und die globale Zusammenarbeit durchaus auch destruktiv. Die Egalisierungs- und Inklusionsprozesse ließen immer mehr Tendenzen zu Tage treten, die gegen jedes Gleichheitsversprechen standen: der Rassismus etwa oder der Antisemitismus. Ihre Schärfe und Menschenverachtung gewannen diese Ungleichheitsideologien nicht zuletzt aus dem Kontrast zur Idee der Gleichheit: Denn Ungleichheit galt nicht länger als das Selbstverständliche, wie es zuvor der Fall gewesen war, sondern musste nun erklärt, möglichst in wissenschaftlichen Diskursen ausformuliert und mit harter Hand immer wieder reproduziert werden. Deswegen wurde im 19. Jahrhundert die Geschlechterdichotomie, die es ja zuvor auch gegeben hatte, so exzessiv beschworen und gefeiert. Und auch deswegen kamen um 1900, als die Gleichheit der Bürger immer greifbarer wurde, Rassismus und Antisemitismus in diesem Ausmaß auf. Diese Lehren der Exklusion und des Hasses sind eine Konsequenz rationalen Denkens und modernen Handelns. Allerdings spricht vieles dafür, sie nicht schlicht als Insignien der »Moderne« zu betrachten: Demokratien sind durchaus in der Lage, sie zu überwinden oder zumindest ihre Überwindung als Norm festzuschreiben.[6]

Der Mechanismus von Inklusion und Exklusion zeigte sich nicht zufällig besonders stark bei jenem Phänomen, ohne das die Idee der Gleichheit wohl niemals so attraktiv und universell geworden wäre: beim Nationalismus. Er speiste sich in seiner rassistischen Form auch aus den antiliberalen Ressentiments, die seit den achtziger Jahren lauter wurden und sich scharf gegen die Globalisierung wandten, die, so die Kritiker, über Deutschland eine »latente Fremdherrschaft« ausübe.[7] Häufig wurde diese Kritik mit antisemitischen Verschwörungstheorien verbunden. Fremdherrschaft konnte nur in eine Richtung gehen: als Herrschaft der Weißen über die Anderen – im Innern über Juden oder Polen oder wer sonst als fremd definiert wurde, nach außen über die »Wilden« auf anderen Kontinenten.

Flottenverein

Die Globalisierung befeuerte die Massenpolitisierung, sowohl in reaktionärer als auch in progressiver Hinsicht. »Auch ich möchte sehr gerne Mitglied des Flottenvereins sein, dem mein Gatte längst angehört«, klagte eine Bürgerin 1902 im *Bismarck-Frauen-Kalender*, doch ihr Vorschlag sei stets »mit Lächeln übergangen« worden![8] Das Bedürfnis, dabei zu sein und mitzubestimmen, hatte um sich gegriffen. Zu den zahlreichen Entwicklungen, die mehr Partizipation ermöglichten, zählte auch die Gründung konservativer Vereine – und ihre Öffnung für Frauen. Die neuen Möglichkeiten waren stärker und verlockender als die konservativen Bedenken.

Die nationalistischen Frauen hatten die besten Gründe, auf Partizipation zu drängen. Das Gemeinschaftsgefühl des Nationalismus befeuerte den Geist der Menschen und trug wesentlich zur Politisierung vieler Frauen bei. Dieses Phänomen lässt sich für das ganze 19. Jahrhundert beobachten.[9] Doch zweierlei war nun neu: Wie bei den Männern hatte sich zunächst eher die kleine Schicht der Bürgerinnen als nationalistisch identifiziert, gegen Ende des 19. Jahrhunderts ergriffen der Nationalismus und sein partizipativer Geist jedoch immer weitere Kreise. Hinzu kam, dass die Frauen ihren Aktionsbereich zunehmend ausdehnten. Die konservativen und nationalliberalen Frauen verstanden sich als Speerspitze der Nation, deren »heiliges Erbe« und Homogenität sie verteidigen mussten. Wie wir sehen werden, beschränkte sich das häufig nicht auf die Erziehungsarbeit und die Familie, sondern auch auf Vereins-, Lobby- und Öffentlichkeitsarbeit.[10]

Die Veränderung des Nationalismus gegen Ende des 19. Jahrhunderts, die nicht zuletzt von nationalistischen und völkischen Frauen forciert wurde, ist vielfach analysiert worden. Vorstellungen von Nation wurden in ganz Europa rechter, radikaler – imperialer. Tatsächlich ist die erste Globalisierung ohne Nationalismus nicht denkbar. Auch in den Jahrhunderten zuvor gab es weltweite Vernetzungen, aber es war doch eine Welt der Regionen gewesen. Erst seit der Mitte des 19. Jahrhunderts vollzog sich eine globale Integration. Und dazu trug wesentlich die weltweite Herausbildung des Systems von Nationalstaaten und von Massengesellschaften bei.[11] Der Nationalstaat, der die Massen integrierte und mobilisierte, wurde zu dem schlagkräftigen Instrument, das in der Lage war, andere Erdteile zu überfallen und auszubeuten. Nationalstaaten konnten gemeinsam Kommunikations-

und Infrastrukturen für den Welthandel, aber auch für Wissenschaft oder Sozialreformen schaffen. Der Wettbewerb der Nationen spielte also eine fruchtbare Rolle, solange er sich in friedlichen Bahnen bewegte. Die für die Demokratiegeschichte so wichtige Einsicht, dass eine der Grundlagen der Demokratie – die Ermächtigung der Massen – sowohl zu Freiheit und Gerechtigkeit führen kann als auch zum totalitären, menschenverachtenden Massenstaat, dass beide Geschwister sind, wird beim Konzept der Nation besonders deutlich. Die nationalen Identitätskonstruktionen wurden gerade im Angesicht wachsender Globalisierung und zunehmender Verflechtungen immer wichtiger.

Dieser Zusammenhang lässt sich beispielhaft anhand des 1898 gegründeten Deutschen Flottenvereins nachvollziehen. Wenn man alle assoziierten und sonstigen Flottenvereine zusammenrechnet, war er vor dem Ersten Weltkrieg mit über einer Million Mitgliedern der größte nationale Propagandaverein im Kaiserreich.[12] Dabei war der Verein ursprünglich eher als Eliteclub gedacht gewesen, den Industrielle als Lobbyorganisation für ihr ökonomisches Interesse am Schiffsbau verstanden. Vermutlich wollten sie mit der elitären Vereinsgründung den dräuenden Volksmassen zuvorkommen, um eine schwer steuerbare Mobilisierung für die Marine zu verhindern.[13] Wenn das die Intention war, so misslang sie.

Schon bald wurde die Organisation deutschlandweit zum Volksverein. Stammtischrunden trafen sich, Männer hielten Reden, tranken Bier, Mitglieder veranstalteten Wohltätigkeitsbasare und erfreuten sich des Deutschtums in der Welt. Der Verein weckte Interesse für Politik: Bis ins Detail diskutierten die aktiven Mitglieder die Rüstungsfragen, setzten Petitionen auf und informierten ihre Mitbürger über die Notwendigkeit einer mächtigen und herrlichen Flotte. »Die Herren waren ungemein neugierig«, wurde von dem Treffen einer bayerischen Ortsgruppe berichtet, »Flotte, Laufbahnen in der Marine, Verhältnis zu England, Aussichten der zukünftigen Seeschlacht in der Nordsee«.[14] Als Massenverband sorgte der Verein dafür, den nationalistischen Wertehimmel in der Bevölkerung zu befestigen: das Militär, den Kaiser, die Weltmacht – Nation als exklusives, aggressives Projekt.[15]

Das globalisierende Phänomen der Flotten-, Nations- und Weltmachtseligkeit griff auch in anderen Ländern um sich. Großbritannien war führend. Dort bot wie später auch in Deutschland die Marine mit Stapelläufen und Flottenparaden ein propagandistisches Massenspektakel, ein »Theater der Macht und der Identität«.[16] Der Matrosenanzug für Kinder, der schon die Kleinen für das Imperium begeistern sollte, war eine britische Erfindung.

Massenpolitisierung der Außenpolitik

»Unpolitisch« waren die Deutschen ganz bestimmt nicht. Neben dem Flottenverein sorgten andere nationalistische Vereine wie die unzähligen Kriegervereine (unter deren Dachverband, dem Kyffhäuserbund, sich zweieinhalb Millionen Mitglieder sammelten), die Kolonialvereine oder der Ostmarkenverein »zur Förderung des Deutschtums in den Ostmarken« für die Verwurzelung nationalistischer Werte in der Bevölkerung. Mit dem völkisch-nationalistischen Alldeutschen Verband erhob eine neue radikalisierte Rechte ihre Stimme, die schon im Kaiserreich den Staat von rechts attackierte – wie sich überhaupt die Vorläufer nationalsozialistischen Gedankenguts häufig eher als Rebellen und Revolutionäre denn als brave Untertanen verstanden. Doch solche extremen Strömungen erhielten vor dem Weltkrieg selten Massenzulauf. Die Mitgliederzahl der Alldeutschen betrug maximal 20000. Immerhin erreichten sie mit ihren Publikationen breite Teile der Bevölkerung. »Wo fängt das an und wo hört es auf, was uns zugemutet werden soll, als zur Menschheit gehörig zu lieben und in unser Streben einzuschließen?«, fragte der Verbandsvorsitzende Heinrich Claß 1912 in seiner Hassschrift *Wenn ich der Kaiser wär* und markierte damit sein Gefühl, einer Minderheit anzugehören. »Ist der verkommene oder halbtierische russische Bauer des Mir, der Schwarze in Ostafrika, das Halbblut Deutsch-Südwests oder der unerträgliche Jude Galiziens oder Rumäniens ein Glied dieser Menschheit?«[17]

Den Frauen gelang es, in den großen Agitationsverbänden eigene Abteilungen zu installieren. Die Aktivitäten in den Vereinen glichen sich, oft war es das gleiche Personal. Das Engagement der Millionen Männer und auch der Frauen ist ein eindrückliches Beispiel für die Massenpolitisierung der Außenpolitik.[18] Diese hatte sich bis in die achtziger Jahre in den Hinterzimmern vollzogen, abseits der Öffentlichkeit, als Angelegenheit weniger Staatsmänner. Das änderte sich nun.

Die neue Aufgeschlossenheit der Bevölkerung für Politik im Allgemeinen und Außenpolitik im Besonderen entsprach dem Stand der nationalen Integrationskraft. Denn zunächst hatte in breiten Kreisen durchaus noch Skepsis gegenüber dem von Preußen initiierten Großprojekt Deutsches Reich geherrscht, nicht nur bei den Süddeutschen, von denen viele der Einheit und dem »aufgeblähten Preußenstolz« misstrauten. Auch borussische Konservative sorgten sich über die Vereinigung, da sie – nicht zu Unrecht – fürchteten, Preußen könne vom Reich verschlungen und nivelliert werden.[19] Bismarck versuchte in dieser Zeit, die große Unruhe, die das vereinigte Deutschland nach Europa gebracht hatte, auszubalancieren. Und während er in der Innenpolitik erstaunlich glücklos operierte – letztlich konnte er über seine ärgsten

Feinde, den Katholizismus und die Sozialdemokratie, nicht obsiegen –, lag ihm das elitäre Spiel der Diplomatie.[20]

Nun, seit den achtziger und mit zunehmender Kraft seit den neunziger Jahren, drängten sich überall in Europa die Massen auch in die Außenpolitik.[21] Das ist ungeheuer wichtig, denn der Erste Weltkrieg und dann der Versailler Vertrag wären in dieser Härte ohne den Druck der vielen kaum möglich gewesen. Der Historiker Wolfram Siemann hat auf die zähmende Kraft des Wiener Kongresses 1815 hingewiesen. Hier stimmten einige große Männer die Politik unter sich ab; der geschlagene Feind, Frankreich, saß mit in der Herrenrunde, so dass ein für alle akzeptables Abkommen gefunden werden konnte. Die Konstruktion der Wiener Kongressakte, die Europa ein relativ friedliches Jahrhundert bescheren würde, war letztlich den Überzeugungen Metternichs zu verdanken: dass Nation eine explosive Sache sei, die nicht die Politik bestimmen dürfe. Die »Ausdehnung des Grundbegriffs der Nationalität auf das Gebiet des politischen Besitzstandes« sei geeignet, so erklärte Metternich, die »Ruhe bis in den Grund zu erschüttern«. Der altmodische Metternich hielt von Nation genauso wenig wie von Gleichheitsträumen.[22]

Allen Radikalisierungen zum Trotz gab es weiterhin auch den liberalen Nationalismus, für den Persönlichkeiten wie Friedrich Naumann, Marie-Elisabeth Lüders oder Gertrud Bäumer stehen. Nationalismus blieb ein vielgestaltiges Phänomen. So konnte er die Menschen integrieren, Liberale, Rechte, Radikale, Unpolitische, durchaus auch Linke. Er berauschte die Völker. Die Moderne riss Männer und Frauen aus ihrem Stand und oft genug aus ihren Dörfern und Kirchen; die Nation aber sammelte die versprengten Seelen unter ihrem schützenden Mantel, sie bot Geborgenheit und Identität. Zunehmend fühlten sich die Menschen in den westlichen Staaten irgendwie als großartige Nation und auserwählt, und viele – wie die Deutschen – hatten angesichts der Industrialisierung und des florierenden Welthandels, der sich immer schneller entwickelnden, vielförmigen Kunst und angesichts der modernen Medizin guten Grund, sich für erfolgreich zu halten. Es war nicht nur ein subjektives Empfinden, vielmehr schienen alle Zahlen objektiv nachzuweisen, dass es Fortschritte etwa bei der Senkung der Kindersterblichkeit, der Steigerung der Lebenserwartung und des Wohlstandsniveaus oder im Bildungsbereich tatsächlich gab. Der Wettbewerb zwischen den Staaten befeuerte die positiven Entwicklungen. Zugleich schürte er den Hass und sorgte schließlich für die Zerstörung dieser erregten und vorwärtsdrängenden Welt. Zu den destruktiven nationalen Kräften gehörte auch der Kolonialismus.

Kolonialismus

Der Kolonialismus ist eines der grausamsten und aus der Perspektive des 21. Jahrhunderts wohl auch befremdlichsten Phänomene der Jahrzehnte um 1900. Warum faszinierte es Menschen, die den Rechtsstaat schätzten und allmählich einen Sozialstaat installierten, in fremde Kontinente einzufallen, Land zu rauben, dort (meist nicht besonders erfolgreich) eine bürokratische Herrschaft zu errichten und unbekannte Menschen zu unterwerfen, zu unterdrücken, oft zu ermorden? Warum mobilisierten die Nationen ihre Kräfte für dieses Unternehmen? Warum wurde hier die Idee der Gleichheit, die doch in Europa zunehmend an Plausibilität gewann, so brutal mit Füßen getreten? Einen Großteil seiner Faszination verdankt auch der Kolonialismus der Massenpolitisierung. Mindestens drei Entwicklungen sind in diesem Zusammenhang wichtig: erstens der gesteigerte nationale Wettbewerb, zweitens der Rassismus und drittens der Zivilisationseifer der Kolonialmächte.

Zum *ersten* Punkt: Der Kolonialismus wurde im Geist des nationalen Wettbewerbs gelebt. Er war Teil des »plebiszitären Imperialismus«, der mit großen Agitationsverbänden die Außenpolitik oft genug vor sich hertrieb.[23] Es ist wenig erstaunlich, dass Bismarck, der von Haus aus kein Nationalist war, im Grunde wenig für den Kolonialismus übrighatte. »Diese Kolonialgeschichte wäre für uns genauso wie der seidene Zobelpelz in polnischen Adelsfamilien, die keine Hemden haben«, hatte er 1871 erklärt.[24] Das änderte sich in den achtziger Jahren, als die Öffentlichkeit mit nationalem Gefühlsüberschwang in die Außenpolitik eindrang. Dass Deutschland endlich an der Spitze dabei sein musste, nicht hinter dem mit Neid und Bewunderung betrachteten England zurückbleiben durfte, schon gar nicht hinter Frankreich; dass Deutschland für seine schnell wachsende Bevölkerung mehr Raum brauche – das glaubten viele. Es sei »sehr gut denkbar«, erklärte Treitschke, »daß einmal ein Land, das keine Kolonien hat, gar nicht mehr zu den europäischen Großmächten zählen wird, so mächtig es sonst sein mag«.[25]

England besetzte 1882 Ägypten und gab damit den Startschuss für die Aufteilung Afrikas. Im gleichen Jahr gründeten Unternehmer, Missionsleute, Publizisten und Politiker – im wesentlichen Großbürger – den Deutschen Kolonialverein. Er war wirkmächtiger als die versprengten kleineren Vereine, die schon in den siebziger Jahren entstanden waren. Daneben bildete sich die eher mittelständisch geprägte Gesellschaft für Deutsche Kolonisation; ihr gehörten Gestalten wie der Kolonisator Carl Peters an, der sich später durch besondere Grausamkeiten in Ostafrika um seinen imperialen Ruhm brachte. 1887 schlossen sich die beiden Vereine zur Deutschen Kolonialgesellschaft zusammen.[26]

Auch die Kolonialvereine hatten eigene Abteilungen für Frauen, für die diese oftmals hart kämpfen mussten. Aus der Deutschen Kolonialgesellschaft bildete sich der Deutsche Frauenverein für Krankenpflege in den Kolonien. Oft waren die Kolonialistinnen außergewöhnliche, unabhängige Köpfe wie Frieda von Bülow, eine Schriftstellerin und Afrikareisende. Die Frauen fühlten sich in besonderer Weise für die Siedler zuständig, dafür, »deutschen Familiengeist und deutsche Art zu pflegen«. Sie intensivierten die nationalen und rassistischen Homogenitätsvorstellungen.[27] Indem sie deutsche Bräute für das Siedlungsprojekt zur Verfügung stellten, wollten sie die Vermischung der deutschen Kolonisten mit nichtweißen Frauen verhindern.[28] Die Vorstellung einer deutschen Überbevölkerung bestärkte den Kolonialismus zusätzlich. Deutsche Männer und Frauen sollten neuen Raum erobern, jedoch nicht ihr »Deutschtum« verlieren wie bei einer Auswanderung in die USA, sondern es im Gegenteil als Siedler in die Welt tragen.[29] Insbesondere in Deutsch-Südwestafrika, dem heutigen Namibia, ließen sich Deutsche zu diesem Zwecke nieder.[30]

Bismarcks Engagement für den Kolonialismus blieb auf eine kurze Zeit beschränkt: ein Jahr und einige Monate. Die Folgen waren überaus tragisch. Von 1884 bis 1885 stellte die Regierung Deutsch-Südwestafrika, Togo, Kamerun und das ostafrikanische Tansania unter deutschen »Schutz«. Außerhalb Afrikas kam im Mai 1885 Neuguinea hinzu, die letzte größere Kolonialerwerbung. Da sich Bismarck selten zur Kolonialpolitik äußerte und wenn, dann sehr widersprüchlich, sind seine Motive unklar. Vermutlich wollte Bismarck auch innenpolitisch die Liberalen schwächen und außenpolitisch Großbritannien entfremden, um bei einem bevorstehenden Thronwechsel einen Keil zwischen Kronprinz Friedrich und England, die Heimat der Kronprinzessin, treiben zu können. Während des Wahlkampfes im Herbst 1884 eröffnete er die Kongokonferenz in Berlin, bediente damit die koloniale Euphorie der Bevölkerung und konnte sich gar als ehrlicher Makler präsentieren. Auf dieser Zusammenkunft teilten die vierzehn teilnehmenden Staaten Afrika unter sich auf. Kaum einem Zeitgenossen kam es in den Sinn, das für Raub oder für ein Verbrechen zu halten.[31]

Die Interpretation des deutschen Kolonialismus als groß angelegtes Manipulationsprojekt Bismarcks, um die Bevölkerung von innenpolitischen Problemen abzulenken, wird in der Forschung heute weitgehend abgelehnt.[32] Tatsächlich spricht wenig für diese These, die den Eigensinn einer pluralen Bevölkerung missachtet, aber auch die Eigendynamik einer Melange aus Nationalismus, Rassismus und Globalisierung übersieht. Das Volk hatte sich längst ermächtigt, es war kein naives Kollektiv, das beliebig manipuliert werden konnte. Demagogie bleibt zweifellos eine Option in Massengesellschaften, aber sie als monokausale Erklärung für komplexe soziale Prozesse zu nutzen, greift meistens zu kurz.

Der Wettbewerbscharakter des Kolonialismus ergab sich auch aus der weltweit ausgreifenden Ökonomie. Die Volkswirtschaften suchten nach neuen Absatzmärkten und Konsumenten. In der Akte, mit der die Kongokonferenz abgeschlossen wurde, nannten die Unterzeichner als Ziel der Kolonisierung die »Entwickelung des Handels und der Civilisation«. Bismarck bezeichnete im Reichstag die »Gewinnung neuer Absatzmärkte« als vorrangigen Zweck. Dazu, so Bismarck, müsse man »die Stämme und Völker, welche unsere Abnehmer werden sollen, einigermaßen kennen lernen«.[33] Was in den Heimatländern so gut funktioniert hatte: die Ermächtigung und Integration der Massen, indem sie zu Konsumenten wurden, das sollte in dieser Logik auch in den Kolonien stattfinden.[34] Zu dieser Logik gehörte allerdings auch, dass die Menschen in den Kolonien als grundsätzlich anders definiert wurden.

Denn der Kolonialismus basierte auf Rassismus und bestärkte ihn – das ist der *zweite* Punkt, der im Zusammenhang mit der Ermächtigung der Massen relevant ist. Rassismus hatte es auch schon in vormodernen Zeiten gegeben, doch nun gewann er an Kontur und wurde durch vermeintlich wissenschaftliche Fundierungen härter und unentrinnbarer. Durch »Rassenlehren« und biologistische Grundannahmen wurde Zugehörigkeit zu einer Schicksalsfrage und galt vielen nicht länger als eine Frage des politischen Willens. Das war ein deutliches antimodernes und antiliberales Moment, wodurch das Bedrohungsgefühl gegenüber den Anderen wuchs, die als schwelender Fremdkörper galten. Diese Gedanken vermischten sich oft mit dem immer populärer werdenden Sozialdarwinismus: Wer unterging und schwach war, hatte es verdient; Aggression hingegen, so die Vorstellung, zeichnete den zukunftsfrohen Sieger aus.[35]

Der entsetzliche Tiefpunkt des deutschen Kolonialismus war also kein Fehler im System, sondern folgerichtig: Im genozidalen Kriegszug in der Kolonie Deutsch-Südwestafrika wurden mehrere zehntausend Herero und Nama umgebracht. Rund achtzig Prozent der Herero starben. Dass solche Mordzüge kein Einzelfall waren, zeigt den verbrecherischen Horizont der kolonialen Welt.[36] Die kolonialen Frevel wurden nicht zuletzt dadurch ermöglicht, dass Gesellschaften durch die nationale Inklusion der Massen eine ungeheure Macht entwickelten und sich ermächtigt fühlten, ihre großen Ressourcen für die Unterwerfung des Anderen und bei Bedarf für seine Zerstörung zu nutzen.

Doch die Entwicklungen waren oft nicht eindeutig. Die Mordzüge gegen die Herero stießen auf Protest, und viele lehnten sozialdarwinistische Ideen ab. Das Überlegenheitsgefühl konnte auch zu dem Pflichtempfinden führen, den anderen das Heil zu bringen. Das ist der *dritte* Punkt. Es ging eben nicht nur um Handel und Ausbeutung, sondern dem Selbstverständnis nach für unterschiedliche Akteurinnen und Akteure um die »Civilisation«. Das ist aus heutiger Sicht hochproblematisch und ging häufig mit machtpolitischen und ökonomischen Bestrebungen Hand in Hand. Aber es war doch eine komplexere Motivlage als der reine ökonomische und Machtgewinn, und es gab immer Frauen und Männer, die dieses Ziel in einem humanistischen Sinn ernst nahmen.[37] Die Erweiterung der Humanisierungsbemühungen zu einem Massenphänomen spielt hier hinein.

Ende des 19. Jahrhunderts brachte die britische *Daily Mail* diese Logik auf den Punkt: »für die Macht, die Vorherrschaft und die Größe des britischen Empire«. Wobei kein Zweifel daran gelassen wurde, dass dieses Ziel ein Synonym für Humanität sei: »Wir wissen, dass der Vormarsch des Union Jack Schutz bedeutet für die schwächeren Rassen, Gerechtigkeit für die Geknechteten, Freiheit für die Unterdrückten.«[38]

Deutlich zeigt sich der humanistische Impetus in der Verachtung der Welt gegenüber dem Verhalten des belgischen Monarchen Leopold II. im Kongo, einer Kolonie, die sich im persönlichen Besitz des Königs befand. Dort ließ Leopold die Menschen knechten, misshandeln und ermorden, ohne das geringste Bemühen zu demonstrieren, zugleich Bildung oder eine Infrastruktur für die indigene Bevölkerung bereitzustellen. In der Berliner Schlussakte von 1885 verpflichteten sich alle, »die Erhaltung der eingeborenen Bevölkerung und die Verbesserung ihrer sittlichen und materiellen Lebenslage zu überwachen und an der Unterdrückung der Sklaverei und insbesondere des N*handels mitzuwirken« (Kap. I., Art. 6). Betont wurden zudem »Gewissensfreiheit und religiöse Duldung«. Sklaverei galt in Europa als besonders abscheuliche Institution einer barbarischen Gegenwelt. Tatsächlich hatte die Kritik an der Sklaverei eine europäische Tradition, die eng mit christlichen Vorstellungen der Gottesebenbildlichkeit, aber auch mit aufklärerischen Ideen von universaler Gleichheit und Menschenwürde zusammenhingen. An den Umstand, dass auch deutsche Kaufleute und Herrscher seit dem 17. Jahrhundert in die Sklaverei verstrickt gewesen waren, dachte niemand: Sklaverei, das waren die anderen.[39] Selbst die USA gefielen sich in der Vorstellung, in Afrika gelte ihre Flagge als Symbol von »freedom and peace« und gehöre zu den wenigen Fahnen, die von den Einheimischen nicht mit der Sklaverei in Verbindung gebracht würden.[40]

Die Verurteilung des Menschenhandels erwies sich jedoch als Selbstbetrug – vor Ort, in den Kolonien, herrschte Sklaverei weiterhin in vielfältigen Formen. Die Begründungen dafür zeigen den Zynismus: Mal wurde die Sklaverei beibehalten »aus Furcht vor der Erschütterung der gesellschaftlichen und wirtschaftlichen Zustände«, mal hieß es, »die Befreiung [werde] von den Sklaven selbst nicht gewünscht«.[41] Als der Reichstag auf ein strengeres Vorgehen gegen die Sklaverei drängte, kam unter anderem aus den Kolonien die Antwort, zu einer Aufhebung liege kein Grund vor, »da die Sklaverei dort nur in der mildesten Form auftrete«.[42]

Zu der humanitären Rhetorik gehörte auch, dass die brutalen Praktiken der Kolonialisten zunehmend zu Skandalen führten – ein Signal immerhin, dass die Menschenverachtung nicht mehr als Selbstverständlichkeit, sondern als ein zu behebendes Übel galt. Im Reichstag und in der Öffentlichkeit kam wieder und wieder die Rede auf die Missstände und Gräuel in den Kolonien. Die Sozialdemokratie verwies auf die Ineffektivität der sklavenähnlichen Arbeit und forderte, alle Menschen mit Würde zu behandeln und ihnen gute Löhne zu zahlen. Für größtes Aufsehen sorgte das Leben der Kolonialherren. Sie betrieben Pädophilie, vergewaltigten, raubten, mordeten, folterten. Die Skandale in den Kolonien blieben nicht ohne Wirkung und schadeten dem Ansehen des imperialen Projekts.[43] Die Welle der Empörung, die durch einen Skandal um den erwähnten Carl Peters den Reichstag und bald das ganze Reich erfasste, hatte gewiss voyeuristische Züge, aber sie zeigt auch, was die Mehrheitsgesellschaft als tolerierbar und anständig empfand. Als Peters seine afrikanische Geliebte mit einem anderen Mann überraschte, ließ er beide öffentlich erhängen und ihre Heimatdörfer zerstören – ein »Akt ungeheurer Grausamkeit«, wie es im Reichstag hieß.[44] Peters wurde zur Persona non grata, 1897 unehrenhaft aus dem Reichsdienst entlassen und als »Hänge-Peters« verspottet. Kolonialisten und auch Wilhelm II. ließen ihm allerdings späte Ehren zukommen, und die Nationalsozialisten erkannten in ihm einen geistigen Vorläufer.

Die Skandale beschädigten das Image der jeweiligen Kolonialmacht, und es gehörte zur national-kompetitiven Logik, dass die Schandtaten der anderen Länder intensiver thematisiert und skandalisiert wurden als die der eigenen Nation. So wurde das Wohlverhalten in den Kolonien zum Teil des nationalen Wettbewerbs, in dem es eben nicht nur um die größte Wirtschaftsmacht, die gewaltigste Flotte, die meisten Nobelpreise und die beste Kanalisation ging, sondern auch um die Moral.[45]

Der nationale Wettbewerb um den Rang der »zivilsten« Kolonialmacht, die beständige Skandalisierung der Verbrechen in Übersee, aber auch der Abschluss der Inbesitznahme Afrikas trugen dazu bei, dass koloniale Herrschaftstechniken um 1900 unter anderem mit dem Anspruch auf »Humanität« reformiert wurden. Die physische Gewalt nahm ab – und die Regierungspraxis wurde effektiver.[46] In Deutschland kam es zu einer regelrechten reformerischen Sensation, als 1906 mit Bernhard Dernburg ein liberaler Ökonom aus einer jüdischen Familie zum obersten Kolonialbeamten ernannt wurde, um das Ansehen der Kolonialherrschaft zu verbessern.[47]

Zugleich gab es immer Stimmen, die sich angesichts von so viel Sensibilität brüskiert zeigten. »Das Völkerrecht wird zur Phrase, wenn man dergleichen Grundsätze auch auf barbarische Völker anwenden will«, hatte Treitschke lange vor dem Vernichtungsfeldzug gegen die Herero und Nama erklärt. »Einem N*stamm muss man zur Strafe seine Häuser anzünden, ohne ein solches Exempel richtet man da nichts aus. Es ist nicht Humanität und […] Rechtsgefühl, sondern schimpfliche Schwäche, wenn das Deutsche Reich heute nicht nach diesen Grundsätzen verfährt.«[48]

Das Heil für die Anderen: Die christliche Mission

All das war eingebettet in einen globalen imperialen Konsens: Es gab Kritik an der Durchführung des Kolonialismus, aber er wurde fast nie grundsätzlich infrage gestellt. So konnten sich viele Bürger und Bürgerinnen in den Industriestaaten für das koloniale Projekt begeistern. Aber die Menschen wollten das nicht als Bösewichte und Menschenschlächter tun, sondern mit einem guten Gewissen. Dafür sorgte häufig auch die Missionsarbeit, die nicht im staatlichen Aufgabenfeld lag. Die Eroberung von fremdem Land auf fernen Kontinenten brachte zwangsläufig eine große Anzahl an andersgläubigen Untertanen mit sich, die grundsätzlich toleriert wurden. Niemand herrschte zu dieser Zeit über mehr Muslime als Queen Victoria. Daher auch die Bedeutung der Religionsfreiheit im Berliner Schlussdokument von 1885: »Gewissensfreiheit und religiöse Duldung werden sowohl den Eingeborenen wie den Landesangehörigen und Fremden ausdrücklich gewährleistet.« Es wäre aus herrschaftstechnischer Sicht völlig ineffektiv gewesen, andere Religionen für falsch zu erklären. Womöglich hat der Imperialismus dadurch säkularisierende Tendenzen unterstützt.[49]

Missionswerke und weltliche Kolonialmächte folgten unterschiedlichen Logiken. Missionarinnen und Missionare vertraten ein eher inklusives Menschenbild, denn theologisch galt der Opfertod Jesu am Kreuz als universelles Erlösungsangebot; die Überzeugung, der christliche Glaube gelte nur für eine Rasse, war stets allenfalls eine Außenseiterposition. Gewiss gab es oft genug eine problematische Zusammenarbeit mit den Kolonialherren, und die Missionstätigkeit wäre ohne Vorstellungen einer europäischen Überlegenheit nicht möglich gewesen. Doch neben den Narrativen, in denen die Mission vor allem als Ursache von Identitäts- und Kulturverlust sowie als Urheberin von Gewalt erscheint, existieren zahlreiche gegenläufige Erzählungen. Dazu gehört die Geschichte von Samuel Isaac Joseph Schereschewsky, einem von den Anglikanern bekehrten polnischstämmigen Juden, der nach einem Theologiestudium in Breslau und Zwischenstation in den USA Missionar wurde, als erster Bischof in Schanghai die Weihen empfing und sich zu einem bedeutenden Sinologen entwickelte.[50]

Immer wieder setzte sich das Missionspersonal für die indigene Bevölkerung ein. Es beförderte die Krankenpflege in den Kolonien, gründete Schulen oder baute Hospitäler, wie zum Beispiel der Konservative Friedrich von Bodelschwingh, der ein Krankenhaus für Epileptiker und Menschen mit geistiger Behinderung errichtete. Den Kampf gegen Sklaverei fochten sie nicht nur auf dem Papier aus, sondern immer wieder konkret vor Ort und gegen die Kolonialmächte. Oft waren, es Missionare, die koloniale Gräuel aufdeckten. So wurden beispielsweise die Verbrechen an der kongolesischen Bevölkerung von Alice Seeley Harris fotografiert und weltweit zum Skandal gemacht.[51] In den ehemaligen Kolonien ist im 21. Jahrhundert der christliche Glaube oft verbreiteter als in Europa. In Namibia etwa werden heute rund 90 Prozent der Menschen einer christlichen Kirche zugerechnet. Viele der Christinnen und Christen dort werden die Mission nicht als Unglück und Unrecht interpretieren.[52]

Die christliche Mission gehört zu den folgenreichsten Aspekten der Globalisierung, aber auch der Massenmobilisierung im 19. Jahrhundert. Zwar hatte es schon im 17. und 18. Jahrhundert entsprechende Bemühungen gegeben, etwa die Arbeit der Jesuiten in China, doch rein quantitativ blieben sie eher unbedeutend. Nun erfasste der Missionseifer die Massen. Durch die Vernetzung der Welt rückten die Millionen »Heiden« ins Blickfeld der Industriestaaten, und ein Großteil der europäischen Bevölkerung kam über die Kirchen mit missionarischem Gedankengut und dadurch auch mit einem Wissen über die Kolonien in Kontakt.[53] Für die heutige säkulare Welt ist es oft kaum verständlich, aber die Sorge darum, dass die vielen »Wilden« zur ewigen Verdammnis verflucht seien, obwohl Christus doch auch für ihre Sünden gestorben war, mobilisierte Zehntausende Frauen und Männer, aufzubrechen und diese Seelen zu retten. Bei allen Problemen, die das Missionsbedürfnis der Weißen gegenüber den indigenen Bevölkerungen unbestritten mit sich brachte, bedeutete die Mission doch eine weltweite Inklusionsbewegung:[54] Auf allen Kontinenten gab es nun Menschen, die denselben religiösen Glauben teilten. Das war keine komplett einseitige Annäherung. Die neuere Forschung betont zunehmend, dass die Interaktion zwischen Indigenen und Missionspersonal relativ symmetrisch verlaufen sei.[55]

Umstrittener Imperialismus

Und doch war die Popularität des Kolonialismus immer brüchig.[56] Unter großer Aufmerksamkeit verlas der sozialdemokratische Abgeordnete Georg Ledebour 1905 im Reichstag den »Vernichtungsbefehl« des Generals Trotha vom 2. Oktober 1904, der zwei Monate Bestand gehabt hatte und heute als zentrales Zeugnis für den Vernichtungswillen der Deutschen gilt.[57] 1906 verweigerte eine Mehrheit der Reichstagsabgeordneten aus Protest gegen den Mord an den Herero einen Nachtragshaushalt für die Weiterführung der Kriegszüge – Zentrum und Sozialdemokratie arbeiteten hier zusammen.

Als Reichskanzler Bernhard von Bülow das Parlament auflöste, um eine Mehrheit zu erlangen, war die deutsche Kriegsführung in den Kolonien im anschließenden Wahlkampf das beherrschende Thema: Die Wahlen im Jahr 1907 gingen mit einer Rekordbeteiligung von knapp 85 Prozent als »Hottentottenwahlen« in die Geschichte ein – schon damals war diese Bezeichnung für die indigene Bevölkerung abwertend. Der kolonialfreundliche Bülow-Block aus Liberalen und Konservativen gewann eine knappe Mehrheit. Allerdings lag das an Absprachen der Blockparteien, die sich in den Wahlkreisen gegenseitig keine Konkurrenz machten. Da die Beteiligung sehr hoch war, verlor die Sozialdemokratie prozentual und im Reichstag 38 Sitze, obwohl sie eine Viertelmillion Wählerstimmen hinzugewinnen konnte. Sie blieb aber trotz ihrer Verluste mit Abstand die stärkste Partei. Wenn diese Wahlen etwas über die Haltung der Bevölkerung aussagten, dann zumindest auch, dass rund die Hälfte der Menschen für Parteien stimmten, die massive Kritik am Vorgehen in den Kolonien übten.

Im Kolonialismus wurde nicht zuletzt eine ansonsten immer fragwürdiger werdende Variante von Männlichkeit beschworen. In der Fremde, im Kampf gegen die »Wilden« galt noch das Faustrecht des Stärkeren. Für viele war das koloniale Projekt eine »Chiffre für sexuelle Träume«, wie es der Historiker Joachim Radkau auf den Punkt bringt.[58] Die Frauenabteilungen der Kolonialvereine trugen zur Imagepflege bei, indem sie – ganz der Vorstellungswelt der Zeit verpflichtet – vorgaben, die fragwürdige Kolonial-Männerwelt zu zivilisieren. Frauen waren ein Bestandteil der Bemühungen um die Kolonialreformen, und Dernburg, der neue Staatssekretär, setzte sich für die stärkere Integration der Frauenvereine in die Kolonialbewegung ein.[59]

Hinzu kam: Auch wenn ein großer Teil der Bevölkerung die Kolonisierung gut und die bunten Postkarten mit rassistischen Darstellungen amüsant fand; auch wenn die Deutschen ihr frisch erworbenes Kolonialreich wie eine Faust den Briten und Franzosen entgegenreckten – letztlich blieb all das für die meisten ein Seitenaspekt des Lebens, ein Additiv, das sie eben in ihrem nationalen Hochgefühl bestärkte. Immerhin. Die Globalisierung drang in die europäischen Städte vor; in Cafés und Hotels, in Bibliotheken und Rasiersalons lagen viele ausländische Zeitungen aus.[60] Güter aus den Kolonien wie Tabak oder Kaffee konnten sich immer mehr Menschen in größeren Mengen leisten. Doch ging das Interesse an den Kolonien bei einer Mehrheit tatsächlich über dergleichen hinaus?[61] Der Kolonialschriftsteller Gustav Frenssen klagte, die Deutschen nähmen die »heiße Tapferkeit und das Sterben unserer eigenen Leute« in den Kolonien kaum zur Kenntnis.[62] In den Kolonialvereinen organisierten sich lediglich Zehntausende Menschen, nicht Hunderttausende wie in den Frauenvereinen oder gar Millionen wie in den Gewerkschaften und der Sozialdemokratie.[63] Bezeichnend ist auch die geringe Anzahl derjenigen, die sich berufen fühlten, als Siedler und Siedlerinnen das Deutschtum in Afrika zu mehren. In Namibia, wo die größten deutschen Siedlergemeinschaften lebten, blieb die Anzahl fast durchgehend im vierstelligen Bereich. Hunderttausende wählten hingegen den weniger patriotischen Weg und wanderten in ein Industrieland aus. »Der Kolonialismus blieb von stets prekärer Popularität«, so der Historiker Dirk van Laak, »eine kohärente und von breiter Zustimmung getragene ›imperiale Kultur‹ war in Deutschland nicht entstanden.«[64]

Schließlich greift auch die Vorstellung vom westlichen Reichtum, der ohne koloniale Ausbeutung nicht möglich gewesen wäre, in dieser Pauschalisierung für die Zeit um 1900 wohl zu kurz. In zwei der während des Hochimperialismus wirtschaftlich stärksten Länder spielten Kolonien ökonomisch eine untergeordnete Rolle: in den USA und in Deutschland. Die Kritiker im Reichstag sollten recht behalten: Für Deutschland bedeuteten Kolonien ein Verlustgeschäft.[65] Die anderen Industrieländer und die Binnenmärkte blieben die entscheidenden Absatzfelder.[66] Die Wirtschaftsbürger, also jene Männer, die anders als die bierseligen Kolonialvereinsmeier tatsächlich global agierten, reisten eher nach London oder Cincinnati als nach Windhuk oder Lomé.[67]

Dabei verdeutlicht gerade ein Phänomen wie die *global bourgeoisie*, wie stark die Globalisierung die Welt durchdrang. Im letzten Drittel des 19. Jahrhunderts entstand eine erfolgreiche schwarze *middle class*, deren Angehörige freilich von vielen Bürgerinnen und Bürgern in den Industrieländern nicht als Gleiche akzeptiert wurden.[68] Zu dieser neuen Mittelklasse gehört beispielsweise der togolesische Geschäftsmann John Calvert Nayo Bruce. Er hatte bei Missionaren eine Schulbildung erhalten und als Übersetzer für die deutsche Verwaltung gearbeitet. Für seine Tochter erhoffte er sich die beste Bildung – »sie soll alles lernen, was weiße Mädchen lernen, und so zivilisiert werden wie sie«, wie er es ausdrückte. Bruce war einer der erfolgreichsten Organisatoren von Menschenzoos in ganz Europa.[69]

Weltweit beriefen sich die sozialen Eliten auf die Diskurse der Zivilisation und Entwicklung.[70] So zeigt die Globalgeschichte, dass »die Welt im Zeitalter der Imperien nicht nur durch rassistische Diskriminierung und imperiale Arroganz bestimmt war, sondern auch durch Ideale der Gleichheit und der Entwicklung über geografische Grenzen hinweg«, wie es führende Vertreter des Fachs formulieren.[71] Die globale bürgerliche Schicht fühlte sich auch jenseits von Europa und Nordamerika der Wohlfahrt und Armenhilfe verpflichtet, dem Projekt der Weltverbesserung. Die großen Inklusionsprozesse, Ideen von der Menschenwürde, der bürgerliche Universalismus und die strahlende Utopie der Gleichheit – auch sie entfalteten sich in dieser Reformzeit zu einem globalen Aufbruch.[72]

4. Partizipation und Krieg

Das Partizipationsrecht und die Wehrhaftigkeit des Mannes gehörten in der Geschichte der modernen Demokratie eng zusammen und bestärkten die Vorstellungen einer intimen Verbindung von Männlichkeit und Demokratie. Durch die Nationalisierung der Kriege und durch Vorstellungen vom autonomen Bürger erfuhr das Militär einen beachtlichen Imagegewinn: Der Untertan, der zuvor häufig zwangsrekrutiert wurde und auch an fremde Kriegsfürsten verschachert worden war, eilte nun als freier Mann freudig in die Schlacht. Wie bei vielen anderen Nationen auch war es daher 1871 für die deutsche Identitätsbildung entscheidend, aus Kriegen hervorgegangen zu sein.[1] In einer Rechtfertigung des allgemeinen Männerwahlrechts notierte Hans Delbrück 1893: »Die allgemeine Wehrpflicht, der nationale Gedanke und die Verfassung, es sind ja Geschwister, Kinder derselben Epoche.«[2]

Womöglich noch wichtiger als der ideologische Zusammenhang von Waffentragen und Bürgerschaft, von Wehrpflicht und Wahlrecht, der eher von liberalen Eliten als von unteren Schichten (und auffallend selten von den Soldaten selbst) beschworen wurde, war schlicht der Umstand, dass die Männer die Gleichheit im Krieg als Soldaten ganz konkret erlebten. Die Vorteile für die Staatsmacht sind hier offensichtlich: der egalitäre Bürger ohne Privilegien war notwendig für die Massenschlachten. Der Krieg befestigte die Gleichheit, er riss regionale Mauern nieder, relativierte die Klassenschranken und befreite die Einzelnen aus dem Korsett lokaler Kulturen und Ordnungen.

Frauenrechtlerinnen mussten aus dieser martialischen Logik ausbrechen. Die Publizistin Hedwig Dohm etwa setzte auf die Vernunft und die aufklärerischen Werte: »So sind auch die Frauen frei, weil in einem Staate freier Menschen es keine Unfreien geben kann«, erklärte sie 1876, »Menschenrechte haben kein Geschlecht.«[3] Für die Feministin, die mit ihren klugen, witzigen Schriften die Öffentlichkeit empörte und begeisterte, stand außer Frage, dass sie prinzipiell in einem freien Land lebte. Dohm gehörte außerdem zu den Ersten, die Geschlechterzuschreibungen hinterfragten. Aus beidem ergab sich für sie die Forderung nach dem Frauenwahlrecht. Das ist nur folgerichtig. Der Soziologe Georg Simmel erklärte 1906, die Geschlechterrollen seien konstruiert und dienten dazu, die »Machtstellung« der Männer zu garantieren. Das Männliche gelte als das »Allgemein-Menschliche«, so dass »das Männliche zu dem schlechthin Objektiven und sachlich Maßgebenden verabsolutiert« werde.[4] Die Frau sei in dieser Vorstellung das auf den Mann zentrierte Wesen, das von seiner Geschlechtlichkeit nicht absehen könne. – Die Frau als das rein Relationale, als das andere Geschlecht: So analysierten im Kaiserreich progressive Intellektuelle kritisch die Geschlechterkonstruktionen.

Allein das zu denken, Geschlecht als Herrschaftskonstruktion, verdeutlicht den Aufbruch. Dergleichen war nicht die Mehrheitsmeinung, aber es riss neue Horizonte auf. Ein langer Prozess von Reform und Rückschlag begann: die Emanzipation der Frau. 1891 nahm die Sozialdemokratie als erste Partei in Deutschland die Forderung nach dem Frauenwahlrecht in ihr Programm auf, und am 13. Februar 1895 diskutierte der Reichstag erstmals über das Thema. August Bebel, einer der vielen glänzenden Parlamentsredner, verkündete:

»Wir verlangen, daß das Wahlrecht auch auf die Frauen ausgedehnt wird. Und da ist natürlich seitens unserer Gegner erst recht Holland in Nöthen. ›Das ist ja ungeheuerlich, das ist verrückt‹ – hat man mir gesagt«, und dann bricht sich der ganze sozialdemokratisch-aufklärerische Optimismus Bahn: »Ist aber eine Forderung vernünftig, ist sie gerecht, ist sie natürlich, dann kann man auch sicher darauf rechnen, daß sie schließlich zum Durchbruch, zur Verwirklichung kommen wird.« Bebel fügte hinzu: »Und, meine Herren, wenn heute zum ersten Mal in einem deutschen Parlament eine solche Forderung aufgestellt wird, dann ganz sicher nicht zum letzten Mal!«[5] In der öffentlichen Meinung, in der Presse oder in Gesetzestexten galten viele Anliegen der Frauenbewegungen zunehmend als bedenkenswert.[6]

Viele deutsche Frauenrechtlerinnen hatten den Eindruck, England und die USA seien weiter. In Großbritannien besaß immerhin ein kleiner Teil der Frauen das Kommunalwahlrecht entsprechend dem eingeschränkten britischen Wahlrecht. Auch in einigen deutschen Ländern hatten Frauen mit Grundbesitz oder Witwen ein aus vormodernen Rechtsordnungen überkommenes kommunales Stimmrecht. Das war allerdings vielen gar nicht mehr bewusst. Frauenrechtlerinnen nutzten diesen Umstand für ihre Kampagnen und mobilisierten die Wahlberechtigten, ihr oft vergessenes Recht wahrzunehmen.[7] In den USA führte Wyoming 1869 das Wahlrecht auch für Frauen ein; weitere Ausdehnungen folgten, bis zum Ersten Weltkrieg zumeist für kommunale Vertretungen, für Schulaufsichtsgremien oder Wohltätigkeitseinrichtungen. Auch deutsche Frauen hatten zuweilen in untergeordneten Gremien ein Wahlrecht, etwa für Gewerbeschiedsgerichte.[8]

Im Großen und Ganzen verliefen also diese Entwicklungen ebenfalls international und transnational. Überall brachen die Frauen des globalen Bürgertums auf. Die bürgerlichen Feministinnen Nabawiyya Musa und Malak Hifni Nasif etwa kämpften in Ägypten für bessere Bildungschancen und das Stimmrecht der Frauen.[9]

Der Aufbruch der Frauen war weltweit vermutlich der wichtigste Emanzipationsprozess in der Reformzeit um 1900. Der Rückschlag gestaltete sich entsprechend stark. »Die Verweiberung der Völker bedeutet den Untergang der Staaten«, hieß es 1914 in einem Aufruf des Bundes gegen die Frauenemanzipation.[10] Misogynie blühte auf. In Großbritannien waren Karikaturen beliebt, in denen Frauenrechtlerinnen als frustrierte, Männer hassende und ihre Kinder vernachlässigende Hyänen dargestellt wurden – hässlich und spitznasig. Der Harvard-Professor Edward Clarke erklärte 1884, das Studium führe bei Frauen zu einem vergrößerten Hirn, während die Gebärmutter verkümmere. In vielfältigen Varianten brachten Clarkes Kollegen rings um den Globus mal den weiblichen Geist, mal den Charakter, vor allem aber den weiblichen Körper als Argument gegen die Freiheit der Frauen in Anschlag.[11] In Deutschland war die Frauenbewegung ebenfalls so stark, dass sie zu einem besonders aggressiven Antifeminismus führte – anders als in Frankreich mit seinen relativ schwachen Frauenorganisationen. Wegen des markigen Titels gehört der 1900 erschienene Essay des Psychiaters Paul Julius Möbius *Über den physiologischen Schwachsinn des Weibes* zu den bekanntesten Beispielen dieses Genres. In einer Entgegnung schrieb die Reformerin Johanna Elberskirchen: »Nein, Herr Möbius, das Weib ist nicht schwach, nicht inferior, nicht ›physiologisch schwachsinnig‹, aber das Weib ist krank – es leidet zu sehr unter der Herrschaft des männlichen Sexus.«[12]

Am 1. Januar 1902 gründeten Lida Gustava Heymann, Charlotte Engel-Reimers, Minna Cauer, Käthe Schirmacher und Adelheid von Welczeck in Hamburg den Deutschen

Verein für das Frauenstimmrecht, die erste Organisation in Deutschland, die sich allein diesem Ziel widmete. Heymann erklärte später, »unzählige deutsche Frauen« hätten »lediglich auf den Augenblick des Anstoßes gewartet«.[13] In deutschen Ländern wie Sachsen oder Baden und in vielen Städten wurden in den kommenden Jahren weitere solche Vereine gegründet.[14] In Berlin wurde 1904 der erste internationale Verein für Frauenstimmrecht ins Leben gerufen, der Weltbund für Frauenstimmrecht (International Alliance of Women), dem die erste Reihe der Frauenrechtlerinnen weltweit vorstand, unter ihnen die Britin Millicent Fawcett, die Deutsche Marie Stritt und die Amerikanerinnen Carrie Chapman Catt und Susan B. Anthony.[15]

In allen Staaten aber waren sich die unterschiedlichen Strömungen der Frauenbewegungen uneins – alles andere wäre angesichts des großen Aufbruchs und des breiten Spektrums erstaunlich gewesen. Die einen plädierten etwa dafür, dass die Frauen das gleiche, nämlich eingeschränkte Wahlrecht wie die Männer bekommen sollten (eine Fraktion, die in Großbritannien stark war), die anderen forderten kompromisslos ein allgemeines und gleiches Wahlrecht für Männer und Frauen (so die Sozialistinnen). Relativ einig waren sich die Frauen über Ländergrenzen hinweg in ihrer Ablehnung des gewalttätigen Vorgehens der Suffragetten in Großbritannien, die auch dort eine Minderheit bildeten. Die Forschung hat darauf hingewiesen, dass die Frauenbewegung schon allein deshalb nicht revolutionär vorging, weil sie innerhalb von Rechtsstaaten agierte und Gewalt in diesem Kontext ein wenig zielführendes Mittel war.[16]

1908 wurde in Deutschland mit dem Reichsvereinsgesetz eine wichtige Reform umgesetzt, die den Frauen nun auch im bevölkerungsstärksten Preußen offiziell die politische Vereinsarbeit erlaubte. Die häufig vorgebrachte Annahme, Frauen hätten sich zuvor in Preußen und anderen restriktiven Ländern streng an das Vereinsverbot gehalten, wird der Emanzipationskraft der Frauen allerdings nicht gerecht. Das Verbot erschwerte die feministische Arbeit, verhinderte sie aber nicht. In Preußen gab es mit dem Verband fortschrittlicher Frauenvereine seit 1899 eine Organisation, die offiziell die »Wertschätzung politischer Rechte, insbesondere des Frauenstimmrechts« forderte. Als das Vereinsverbot 1908 fiel, bestätigte das häufig lediglich die Praxis.[17]

Der Nationalismus war für die Inklusion vieler Frauen entscheidend, wie wir gesehen haben. Das galt besonders für den kleinen Teil der kolonial Engagierten. »Soll die deutsche Frau als Kulturträgerin in den Kolonien wirken, so muß sie auch mit dem Recht ausgestattet sein, an der Gestaltung dieser Kultur bestimmend mitzuwirken«, erklärte etwa die Frauenrechtlerin und in der Kolonialbewegung engagierte Anna Plothow.[18] Ähnlich wie eine Strömung der Frauenrechtsbewegung in den USA führten nationalistische Frauen das rassistische Argument an, angesichts der Bedrohung der »Weißen« müsse »Rasse« und nicht Geschlecht bei der Zuteilung von politischen Rechten entscheidend sein. 1909 forderten der Schlesische Frauenverband und der Schlesische Verein für Frauenstimmrecht in einer Eingabe beim Reichskanzler das Stimmrecht in Deutsch-Südwestafrika – mit Erfolg. 1913 erhielten Frauen in Windhoek, dem Verwaltungssitz der Kolonie, das Kommunalwahlrecht; entsprechend dem herrschenden Zensuswahlrecht stand es nun den alleinwirtschaftenden weißen Farmerinnen zu.[19] Die Historikerin Birte Kundrus spricht vom »Modernisierungspotenzial des Konservatismus«.[20]

Die auf Mitbestimmung drängenden Frauen trugen dazu bei, das Konzept der Nation umzupolen. Nationale Politik und Öffentlichkeit wurden bislang ausdrücklich männlich gedacht. Frauen wirkten delegitimierend, durch ihre öffentliche Rede (mit oftmals als zu hoch, zu schrill oder zu hysterisch beschriebenen Stimmen), durch ihre vermeintlich irrationale Grundhaltung oder ihre sexualisierten Körper, die Männer im politischen Bereich irritierte – ein Grund für die Briten, die Frauengalerie im Parlament mit einem Blickschutz zu versehen. Das Engagement der konservativen Frauen war für die Feminisierung und Domestizierung des Politischen wichtig.[21] Denn die grundlegenden Veränderungen wären nicht möglich gewesen, wenn nur Liberale und Linke dafür gekämpft hätten. Es war eine Wandlung, die langsam (wie immer, wenn es um die Geschlechterordnung geht), aber beständig alle Grundfesten der Gesellschaft erfasste.[22]

»Ja, diese gestrengen Herren glauben, den Patriotismus und alle Staatsweisheit gepachtet zu haben«, erklärt im *Bismarck-Frauen-Kalender* von 1896 in einem imaginierten Gespräch ein junges Mädchen ihrer Tante. »In der Gemeinde soll die Frau schweigen«, ärgert sich die Nichte, »in den Reichstag kommt sie gar nicht hinein, nicht einmal wählen darf sie, im Hause soll der Mann ihr Herr sein.«[23] Das junge Mädchen wird freundlich zurechtgewiesen, weil die Frau zwar in »Fragen des öffentlichen Wohles« mitmischen, aber dabei auf ihren häuslich »engeren Kreise« beschränkt bleiben solle. Und doch gehört der überschäumenden Nichte die Sympathie – und offensichtlich die Zukunft.

Massenpolitischer Konsens

Das Frauenstimmrecht wurde in dieser Reformzeit denkbar. Die Prozesse der Parlamentarisierung, der Demokratisierung und der Massenpolitisierung nahmen um 1870 an Fahrt auf. Das Demokratisierungspotenzial dieser Jahre ist oft übersehen worden, weil es eine Reformzeit war mit wenig revolutionärem Pathos. Ganz offensichtlich hatte Nietzsche mit seiner Einschätzung recht: Mit der Reichsgründung von 1871 habe der »deutsche Geist« seinen »Übergang zu Vermittelmäßigung, zur Demokratie« vollzogen.[24] Eine Grundlage waren die rechtlichen Garantien für eine breite Mitbestimmung – für »Selbstregierung«, wie es in der deutschen Tradition hieß. Im Norddeutschen Bund führten die Deutschen 1866/67 ein allgemeines und gleiches Männerwahlrecht ein, das 1871 für das ganze Reich übernommen wurde. In Großbritannien blieb das Wahlrecht für das traditionell mächtige Parlament enger, doch verdoppelten Reformen 1867 die Zahl der Wahlberechtigten. Durch Verfassungszusätze erhielten auch die US-Amerikaner nur wenige Monate nach den Deutschen ein allgemeines und gleiches Männerwahlrecht. Frankreich hatte 1870 die Dritte Republik errichtet, und die Niederlande, Norwegen, Österreich und Ungarn, Serbien und viele andere Staaten vergrößerten die Gruppe der Wahlberechtigten oder stärkten ihre Parlamente. Die Schweizer schufen sich 1874 mit einer Reform die weltweit wohl fortschrittlichste Verfassung mit starken Partizipationsrechten für Männer.[25] In den Jahren um 1870 kam auch die Judenemanzipation in Deutschland und vielen anderen europäischen Staaten zum Abschluss.[26]

Das Budapester Parlamentsgebäude, mit dessen Bau 1885 begonnen wurde, nahm sich die britische Parlamentsarchitektur, den Palace of Westminster, zum Vorbild. Und in Berlin entstand das Reichstagsgebäude, viel gelobt von der Presse, wenig geliebt vom Kaiser, nicht zuletzt weil seine Kuppel höher war als das goldene Kreuz auf dem Hohenzollernschloss.[27] »Kein Architekturwerk der letzten Jahrzehnte hat die Fachwelt in eine solche anhaltende und tief gehende Erregung versetzt«, hieß es im *Neuen Wiener Tagblatt*.[28] Wie wenig Wertschätzung der Monarch unter Intellektuellen genoss, wird bezeichnenderweise gerade hier deutlich: Ein kritischer Kommentator erklärte, die allgemeinen Lobeshymnen auf den Parlamentsbau seien wohl nur dem Umstand geschuldet, dass der Kaiser das Gebäude als »Gipfel der Geschmacklosigkeit« bezeichnet habe; und niemand wolle sich dem Verdacht aussetzen, Wilhelm II. nach dem Mund zu reden.[29]

Der Reichstag aber errang eine immer größere Bedeutung. Als das moderne, inklusive Männerwahlrecht im Norddeutschen Bund installiert wurde, hatten viele geglaubt, Bismarck verfolge damit eine bonapartistische Politik und orientiere sich an den manipulierten Massenwahlen in Frankreich unter Kaiser Napoleon III., die in aller Regel von Regierungskandidaten gewonnen wurden und als Vorläufer der staatssozialistischen Wahlen im 20. Jahrhundert gelten können. In einem Brief an Marx zeigte sich Engels bei den ersten Wahlen zum konstituierenden Reichstag im Norddeutschen Bund überzeugt, die Bürger würden sich auf diesen betrügerischen »Bonapartismus« einlassen.[30] Er sollte sich täuschen. Nach den Wahlen im Frühjahr 1867 schrieb Engels an Marx: In Deutschland sei »noch lange nicht das zu machen [...], was in Frankreich [mit den Wahlen] gemacht werden kann«.[31]

Das Parlament als ein Eckpfeiler der Nation: Diese Vorstellung war Teil der sich demokratisierenden Mentalität. Auch wenn sich der Nationalismus im Verlauf des Kaiserreichs zuspitzte und aggressiver wurde, so hatte er doch für viele weiterhin die alte Bedeutung von Freiheit und Selbstregierung.[32] Die These des Historikers Manfred Rauh von der »stillen Parlamentarisierung« im Kaiserreich wird der historischen Realität womöglich nicht ganz gerecht: dem lautstarken Aufbruch der Parlamentsdebatten und der Kneipendiskussionen, den sich häufenden politischen Demonstrationen und Streiks oder den Frauen, die ins Parlamentsgebäude eindrangen, ob nun als Besucherinnen oder weil sie Räume für die Treffen ihrer Vereine nutzten.[33]

Die Zahl der Wahlberechtigten stieg bis zum Vorabend des Ersten Weltkriegs an und lag in Deutschland auf Reichsebene bei einem knappen Viertel der Gesamtbevölkerung (von denen 85 Prozent auch wählen gingen). In Italien konnten 23 Prozent wählen (wobei die Wahlbeteiligung bei 60 Prozent lag), in Frankreich und den USA aufgrund des niedrigeren Wahlalters knapp 30 Prozent (mit einer Wahlbeteiligung von 80 Prozent in Frankreich und 60 Prozent in den USA), während der Anteil im Vereinigten Königreich mit 16 Prozent international abfiel (bei einer Beteiligung von knapp 70 Prozent).[34]

Bei alledem war der Begriff »Demokratie« nicht die Losung der Zeit. Es wäre ahistorisch, die Epoche der Reformzeit an dieser Frage zu messen – Demokratie: ja oder nein. Großbritannien war stolz auf seine Monarchie und sein Parlament, doch als Demokraten hätten sich die Briten nicht verstanden – zu Recht, denn die Macht des Volkes blieb mit dem restriktiven Wahlrecht stark beschränkt. Die Demokratien wiederum erwiesen sich als wenig überzeugend. Frankreich strauchelte und wechselte beständig seine Regierungen; das Wirtschafts- und Bevölkerungswachstum blieb hinter dem anderer Nationen zurück, die Alphabetisierung war eher schwach, die Gesellschaft gespalten, der Katholizismus verhasst, die Anarchisten wurden verfolgt; Militarismus und Antisemitismus blühten wie im östlichen Nachbarland.

Die USA hingegen waren ökonomisch erfolgreich, und die Bevölkerung profitierte von dem beeindruckenden Wirtschaftswachstum; das Land blieb in den Jahren vor dem Weltkrieg insbesondere für Menschen aus Ost- und Südeuropa ein Heilsversprechen; aber auch Schweizerinnen und Schweizer wanderten in großen Scharen nach Übersee aus, weil die Eidgenossenschaft die soziale Not kaum in den Griff bekam. Auch sie eignet sich also eher nicht als strahlendes Beispiel für eine frühe Demokratie.[35] In den USA wiederum vereitelte der schwache Rechtsstaat demokratische Gleichheitsversprechen. Die Gewaltaffinität der Bevölkerung und die Entrechtung breiter Bevölkerungsgruppen waren in westeuropäischen Staaten in dieser Form kaum denkbar. In den Südstaaten verschwand mit den schwarzen Wählern ab etwa den neunziger Jahren auch der politische Wettbewerb. Es entstanden Einparteiensysteme der *Democrats*, ein Zustand, der bis zur schwarzen Bürgerrechtsbewegung in den sechziger Jahren des 20. Jahrhunderts anhielt. Da in vielen Gremien des Kongresses der Vorsitz nach dem Senioritätsprinzip geregelt wurde, waren diese Positionen meistens fest in der Hand der Südstaatler, die ohne politischen Wettbewerb ihr Mandat oft über lange Zeit innehatten. Daher bestimmte der rassistische Süden wesentlich die US-Politik.[36] Zeitgenossen sprang die grassierende Korruption ins Auge, die über die Wahlen und Parteiapparate zutiefst die amerikanische Demokratie prägte.[37]

Entscheidend war nicht der Begriff »Demokratie« oder eine einzelne verfassungsrechtliche Regelung wie die Abhängigkeit der Regierung vom Parlament, sowenig dieses Defizit unterschätzt werden sollte, sondern die Inklusion der Bevölkerung: Hatten die Menschen eine Chance auf Aufstieg und Wohlstand, konnten sie mitbestimmen und ihre Welt gestalten? Immer häufiger fand sich die Vorstellung, dass ein »Kulturstaat« ein starkes Parlament haben müsse und dass zur »Zivilisation« Partizipationsmöglichkeiten für alle gehörten. Alle »großen Nationen« hätten eigene demokratischen Formen entwickelt, lautete die Einschätzung des Philosophen und Anthropologen Max Scheler.[38] Der verbreitete verächtliche Diskurs über Russland speiste sich gerade auch in linken Kreisen aus der weitgehenden Rechtlosigkeit der russischen Bevölkerung.[39]

Liberalisierungen in Deutschland

Der Aufbruch der Frauen hatte viele Gründe, doch er ist ohne diesen Kontext kaum verständlich – so wie sich die Massenpolitisierung nicht angemessen ohne die anbrechende Emanzipation der Frauen erzählen lässt. In Deutschland war das nicht anders als in den übrigen Industriestaaten. Wobei zur Pluralität der deutschen Gesellschaft freilich die scharfe Kritik am eigenen System gehörte, wie sie sich etwa bei Max Weber oder bei Theodor Mommsen findet.[40]

Auch die für 1878/79 häufig diagnostizierte konservative Wende, die das staatlich-liberale Reformprojekt ins Stocken brachte, ist nicht unbedingt ein Hinweis auf ein besonderes Demokratiedefizit; vielmehr war sie nicht zuletzt ein Ausdruck der Massenpolitisierung. Einer der Gründe für die Veränderungen lag paradoxerweise darin, dass die Herrschaft der Liberalen häufig eine Honoratiorenherrschaft von Gebildeten und Wohlhabenden war. Mit dem allgemeinen und gleichen Wahlrecht auf Reichsebene aber zeichnete sich ab, dass sie ihre privilegierte Position auf die Dauer nicht würden halten können. Während in Italien oder Großbritannien die Liberalen aufgrund des restriktiven Wahlrechts ihre Macht verteidigten, verloren sie im Deutschen Reich an Einfluss und zunehmend auch an Wählerstimmen. Das Volk wählte immer seltener liberal. Doch die verlorenen liberalen Stimmen kamen nicht etwa den Konservativen zugute, sondern zunehmend der Sozialdemokratie.[41] Die konservative Wende wird heute überhaupt stark relativiert. Die vielbeschworene Verbindung etwa der Schwerindustrie mit den Mächten des Agrarsektors (den sogenannten ostelbischen Junkern) war kein stabiles Machtkartell zur Unterdrückung des Proletariats und aller demokratischen Regungen, sondern ein wankendes, von divergierenden Interessen geprägtes Gefüge.[42]

In den Städten, beim urbanen Bürgertum und in der Arbeiterschaft, war von grundlegenden konservativen Wandlungsprozessen ohnehin wenig zu spüren; die Unterdrückung durch die Sozialistengesetze konnte die Arbeiterbewegung letztlich nicht lähmen. Ab etwa 1900 wurden zunehmend Sozialdemokraten in die Stadtverordnetenversammlungen gewählt, zugleich dominierten dort wegen des kommunalen Klassenwahlrechts häufig weiterhin die Liberalen. Sie waren auf kommunaler Ebene für einen großen Teil der anhaltenden Reformen im sozialen, städtebaulichen, Bildungs- und Gesundheitsbereich verantwortlich. Die achtziger Jahre waren daher auch Jahre des Aufbruchs. Antiklerikale Gesetze wurden abgemildert, die gesetzlichen Sozialversicherungen wirkten sich trotz aller Mängel durchaus positiv auf den Alltag der Menschen aus. Die Mediengeschichte sieht in dieser Phase den Beginn einer »massenmedialen Sattelzeit«, weil nun neue Technologien wie Fotografie und Telegrafie und vor allem auch die Massenpresse und die Illustrierten ihren Anfang nahmen. In den neunziger Jahren wurde in Deutschland dann auch die bis dahin besonders strenge Zensur merklich gelockert, und die Pressefreiheit entsprach nun den Standards anderer Industrieländer.[43]

In entscheidenden Machtpositionen auf Reichsebene dominierten freilich von nun an konservative Kräfte. Sie fanden zeitweise in der katholischen Zentrumspartei einen Koalitionspartner für eine Mehrheit im Parlament. So blieben sie trotz des recht kontinuierlichen Stimmverlusts bis zum Ersten Weltkrieg überaus einflussreich.[44] Der Nationalismus verschärfte sich. Der Antisemitismus gärte fort. Mit Heinrich von Treitschke fand er einen renommierten Sprecher im bürgerlichen Milieu, der – modernitätskritisch, antidemokratisch, antikatholisch, antisozialistisch – auf die Purifizierung und Homogenisierung alles Deutschen drängte.

Doch auch auf diesen Feldern zeigten sich demokratisierende Tendenzen. Die Antisemitenparteien, die häufig die staatliche Ordnung bekämpften, erfuhren vor allem bei konjunkturellen Krisen Zuspruch, und nach einem eher bescheidenen Höhepunkt von knapp 3,7 Prozent bei den Reichstagswahlen 1898 flauten sie wieder ab. Zwar fand sich der Antisemitismus auch in anderen Parteien wie der Deutschkonservativen Partei, allerdings erreichte er im Kaiserreich noch nicht das entsetzliche Ausmaß der Zwischenkriegszeit. Die Integrationskräfte waren stärker, das deutsche Bürgertum etwa, die Wissenschaft, das Denken, die Presse, die Politik: Sie speisten sich nicht zuletzt aus jüdischen Wurzeln und jüdischen Milieus – die sich als deutsch verstanden, als deutsch galten und deutsch waren. In einer Stadt wie Breslau gehörten Juden und Jüdinnen im späteren Kaiserreich wie selbstverständlich dazu, auch wenn der Antisemitismus nie völlig verschwand.[45]

Keine Frage: Das Kaiserreich war ein Obrigkeitsstaat, selbstverständlich. Aber ihm gelang es weitgehend, die Massen zu integrieren. Anders konnte es gar nicht sein: Seine politische Ordnung musste die vielfältigen Strömungen der alten und der neuen Zeit ausbalancieren. Diese Tendenzen prägten diese Jahrzehnte viel stärker als die insbesondere in der älteren Forschung so häufig beschworene »Reformblockade« und Unfähigkeit zur Demokratisierung.[46]

Als Paradebeispiel der Demokratie- und Reformunfähigkeit wird häufig das 1849 in Preußen eingeführte Dreiklassenwahlrecht genannt. Es war ein allgemeines, aber ungleiches Männerwahlrecht: Die Stimmen hatten unterschiedliches Gewicht. Die Wahlberechtigten wurden gemäß der von ihnen entrichteten direkten Steuern in drei »Abteilungen« eingeteilt. Die wenigen Männer, die das oberste Drittel an Steueraufkommen aufbrachten, bildeten die erste Abteilung; in Extremfällen bestand diese »Klasse« aus ein oder zwei Männern. Die rund fünfzehn Prozent der Wahlberechtigten, die ein weiteres Drittel der Steuern bezahlten, stellten entsprechend die zweite Abteilung, und die große Menge der restlichen Männer – etwa achtzig Prozent – bildete die dritte. Jede Abteilung wählte in einer offenen Abstimmung die gleiche Anzahl an Wahlmännern. Die Offenheit und Indirektheit der Wahlen verstärkte den Effekt der Ungleichheit. Die Wähler (genannt »Urwähler«) durften nur die Wahlmänner bestimmen, die dann einige Tage oder Wochen später in einer weiteren Versammlung die Abgeordneten kürten.[47]

Immer wieder wird behauptet, das Dreiklassenwahlrecht habe mit seiner Diskrepanz zum modernen Reichstagswahlrecht zur Reformunfähigkeit Deutschlands beigetragen. Schließlich waren mit Preußen rund zwei Drittel der Männer auf Landesebene von diesem um 1900 fragwürdig gewordenen Klassensystem betroffen – und das Thema erregte deutschlandweit die Gemüter. Bei seiner Einführung 1849 hatte das preußische Wahlrecht internationalen Standards entsprochen. Selbst in den USA gab es noch Koppelungen des Wahlrechts an Besitz oder Steuern, in Großbritannien hielt sich das sogar bis ins 20. Jahrhundert. Zwei der wichtigsten frühen demokratischen Denker, Tocqueville und John Stuart Mill, schätzten das preußische Wahlrecht als einen guten Kompromiss zwischen Integration und Beschränkung der Massen.[48]

Um 1900 galt das Dreiklassenwahlrecht freilich allgemein als peinlich und veraltet. Die Sozialdemokratie marschierte dagegen in riesigen Demonstrationen, aber auch das Bürgertum initiierte Petitionen und Proteste. Verwaltungsbeamte gaben zu Protokoll, für wie wenig sinnvoll sie dieses Prozedere hielten. Abgeordnete wie Rudolf Virchow protestierten immer wieder, und Männer wie Max Weber, Friedrich Naumann oder Hellmuth von Gerlach schrieben dagegen an.[49]

Warum aber wurde das Wahlrecht dann nicht reformiert? Vermutlich lag das nicht schlicht an mangelndem Reformwillen oder einer grundsätzlichen Verweigerungshaltung der Konservativen. Vielmehr scheinen sich unterschiedliche Reformvorschläge gegenseitig blockiert zu haben. Einmal mehr spielten radikale, kompromissunfähige Kräfte in der Sozialdemokratie eine unglückliche Rolle. Sie weigerten sich, weniger als das Reichstagswahlrecht zu akzeptieren. Dabei hätte es eine zeitgemäße Alternative gegeben: das Pluralwahlrecht. Dieser Wahlmodus war in der Zeit um 1900 nicht unüblich und wurde von Liberalen wie John Stuart Mill, Hans Delbrück oder Otto Hintze favorisiert.[50] Eine Person sollte bei bestimmten Qualifikationen mehr als eine Stimme erhalten – und diese Qualifikation konnte Bildung sein, der Status des Familienvaters oder das Alter. Ein Pluralwahlrecht gab es beispielsweise in Belgien oder in Großbritannien. Vieles spricht dafür, dass sich die Konservativen mit diesem Modus arrangiert hätten.[51]

Gerade im internationalen Vergleich fragt es sich im Rückblick, ob das Dreiklassenwahlrecht nicht immerhin einen weichen Übergang von der hierarchischen und aristokratisch geprägten Welt des frühen 19. Jahrhunderts in die Massengesellschaft um 1900 bot. Als das gleiche und allgemeine Männerwahlrecht 1866/71 eingeführt wurde, gab es nur wenig Widerstand. Im Vergleich mit dem tragisch missglückten *universal suffrage* in den USA, das regelrecht im Rassismus erstickt wurde, kann das Dreiklassenwahlrecht als ein praktikabler Hybrid für Übergangszeiten interpretiert werden.

Die Reformblockade in Preußen erwies sich eher als die Ausnahme. In den meisten Bundesstaaten wurde das Wahlrecht ausgeweitet. Selbst im reaktionären Sachsen zeigten sich die Konservativen lernfähig; nachdem die sächsische Obrigkeit unter lautem Skandalgeschrei der liberalen und sozialistischen Presse 1896 das Dreiklassenwahlrecht eingeführt hatte, musste sie es 1909 wieder annullieren und durch ein fortschrittlicheres Pluralwahlrecht ersetzen.[52]

Wahlreform

Die Institution der Massenwahlen, die im Zentrum der Herrschaft moderner Nationalstaaten stand, erfuhr in der Reformzeit besondere Aufmerksamkeit. Aus der amorphen Masse des Volkes sollte durch statistisches Erfassen und komplexe Rechenverfahren ein vernünftiger Wille erkennbar werden. In der Reformzeit wurde der sachlich abwägende Wähler, der ohne Einfluss von außen, seinem Gewissen verpflichtet eine rationale Entscheidung traf, zum Ideal – eine gezähmte, nüchterne Männlichkeit. Alkohol, Gewalt, Korruption sollten der Vergangenheit angehören. Die Reformer wollten die Eigenständigkeit der Politik und nicht länger die Vermengung der unterschiedlichen Funktionssysteme.[53]

Doch wie war das zu erreichen? Massenwahlen schienen allenthalben geradezu zwangsläufig Korruption mit sich zu bringen, wie linke und rechte Intellektuelle im 19. Jahrhundert immer wieder feststellten.[54] Diese Anfälligkeit war möglich, weil das Wahlverfahren sie zuließ. Wahlkämpfe und Wahlen waren mit der Ausbreitung des Wahlrechts seit der Jahrhundertmitte in den Industriestaaten ein Massenspektakel mit viel Alkohol, bei dem sich Männer trafen, rauften und diskutierten. Fand die Stimmabgabe zunächst eher in Privathäusern und Kirchen statt, so wurden Kneipen nun immer üblicher, weil mit der wachsenden Schar der Wähler mehr Wahllokale notwendig wurden. Gegen Ende des Jahrhunderts hatte sich – in einem international recht parallel verlaufenden Prozess – weitgehend die geheime Wahl durchgesetzt; auch in dieser Hinsicht war das preußische Klassenwahlrecht rückständig. 35 Staaten und Territorien führten in den USA in den neunziger Jahren die Geheimhaltung ein, Italien tat dies 1895, Österreich 1907, Ungarn und Frankreich 1913.

In Deutschland war die Geheimhaltung auf Reichsebene bereits 1867/71 per Gesetz installiert worden. Doch die Regulierungen fanden oft wenig Beachtung, und in der Praxis wurde das Wahlgeheimnis selten eingehalten. »Le vote secret en public«, nennt das die historische Wahlforschung.[55] Da die Parteien die Stimmzettel selbst druckten, war das Votum beim Wahlakt leicht erkennbar, eine wichtige Voraussetzung für Korruption. Insbesondere in den USA kam eine Vielzahl an Fälschungen hinzu: Männer wählten mehrfach (oft im großen Umfang von den Parteien organisiert) oder meldeten vor den Wahlen einen anderen Wohnsitz, um einen Wahlkreis, in dem der Gegner die Mehrheit hatte, zu dominieren – um nur einige der häufigsten Methoden zu nennen; Wahlkreise wurden so eingeteilt, dass gegnerische Stimmen in der Minderheit blieben oder sich nur in einem einzigen Kreis fanden; in vielen Ländern zählten die Stimmen der (oft rebellischen, unruhigen) städtischen Wähler weit weniger als die auf dem Land, weil die Zahl der Wahlkreise nicht der wachsenden Bevölkerung angeglichen wurde; Wahlurnen wurden im Vorfeld mit Stimmzetteln gefüllt oder am Wahlabend entführt. In amerikanischen Großstädten waren in der Reformzeit um 1900 – je nach Schätzung – zwanzig bis fünfzig Prozent der Stimmen gefälscht.[56] Ein wesentliches Einfallstor für Fälschungen war in den USA die Notwendigkeit für Wähler, sich zu registrieren. Die Wahlhelfer konnten die Registratur leicht verweigern, die entsprechenden Büros schließen oder an einen Ort verlegen, der nicht allen bekannt war. In Großbritannien mussten die relativ wenigen Wahlberechtigten ihre Qualifikation nachweisen, und weil dafür meistens rechtliche Hilfe notwendig war, konnte das sehr teuer werden, wodurch viele von der Wahl ausgeschlossen wurden.[57]

Im Deutschen Reich liefen Wahlen für die damalige Zeit relativ geordnet ab, was nicht zuletzt am starken Rechtsstaat lag. Dennoch kam es auch hier zu Manipulationen. So maßregelte die preußische Obrigkeit immer wieder Beamte, die »oppositionell«, also etwa sozialdemokratisch oder linksliberal wählten.[58] Aber auch die Parteien nahmen unrechtmäßigen Einfluss. Besonders aktiv waren bei preußischen Wahlen die monetär potenten Liberalen und in den Städten durchaus auch die Sozialdemokratie. Fabrikanten bedrängten die Arbeiter, ihre liberale oder konservative Partei zu wählen, und drohten damit, sie ansonsten zu entlassen (was tatsächlich oft geschah), während die Sozialdemokratie Läden oder Kneipen boykottierte, wenn die Inhaber nicht für sie stimmten. Beide Seiten sprachen von »Wahlterror«.[59]

Um 1900 erschien Kräften aus der Zivilgesellschaft, aber auch aus der Verwaltung und Politik dieser unrechtmäßige Einfluss nicht mehr angemessen. Wahlen sollten rational verlaufen, fair, gesetzeskonform. Von entsprechenden Reformen würden, so das Argument, alle Parteien profitieren, verloren sie doch alle durch Korruption und Manipulation an Stimmen. Entscheidend für die Reform und Purifizierung der Wahlen war die Garantie der Geheimhaltung. Daher wurden nun, in der Reformzeit um 1900, jene Wahltechniken installiert, die Geheimhaltung sicherstellten und bis heute in den meisten liberalen Demokratien Anwendung finden. Dazu gehört ein einheitlicher Stimmzettel oder – wie in Deutschland 1903 installiert – ein Umschlag zur Neutralisierung des Wahlscheins. Zur Rationalisierung der Wahltechnik gehörte auch die Standardisierung von Wahlkabine und Urne: Die Kabinen mussten eine Mindesthöhe haben, um echten Sichtschutz zu bieten; für die Urnen wurde eine Mindestgröße vorgeschrieben, damit die Stimmzettel vor der (öffentlichen!) Auszählung durcheinandergeschüttelt werden konnten, was nun ebenfalls häufig angeordnet wurde. In Dänemark, in Preußen, in Frankreich oder in den Vereinigten Staaten: Überall wurde den Männern detailliert erklärt, wie das – gar nicht so einfache – Wahlprozedere vor sich ging, wo der Wähler den Stimmzettel und wo gegebenenfalls den Wahlumschlag erhielt, dass es die Wahlkabinenpflicht gab, wo das Wahllokal zu betreten und wo wieder zu verlassen sei.[60]

Wie schon in Deutschland wurde nun auch in den USA Polizeipräsenz am Wahllokal vorgeschrieben. Die Behörden erließen Alkoholverbote. Um die entsprechenden Reformen erfolgreich umzusetzen, brauchten die Staaten jedoch eine funktionstüchtige Verwaltung. Das war insbesondere in den USA mit der Skepsis gegenüber der Obrigkeit schwierig. Der junge Professor, Reformer und spätere Präsident Woodrow Wilson erläuterte 1887 seinen Appell für mehr Bürokratie: »Wir haben es abgelehnt, bei uns eine professionelle Beamtenschaft aufzubauen, weil wir dies für undemokratisch hielten.«[61] Doch mittlerweile sei ihm deutlich geworden, wie zentral eine gute Bürokratie für die Rechtmäßigkeit der Verfahren sei. Mit Wilson forderten zahlreiche weitere amerikanische Reformer eine unabhängigere Verwaltung und weniger Parteienherrschaft, um die Korruption zu besiegen und das Wahlverfahren zu schützen.[62]

Einmal mehr ging es bei den Reformen wesentlich um die Zähmung des Mannes und eine neue, bürgerliche Konstruktion von Männlichkeit. Die Wahlen sollten nun vorzugsweise in einem öffentlichen Gebäude stattfinden, etwa einem der neuen Justizpaläste oder Rathäuser, und nicht mehr in Wirtshäusern und Spelunken. Schon das erforderte eine ganz andere Haltung und Disziplinierung seitens der Wähler. In einem nach dem Willen der Reformer gestalteten Wahllokal hatte der grölende, prügelnde Kerl nichts zu suchen – wohl aber der lesekundige, politisch interessierte Bürger, egal ob Handwerker oder Bankier. Die Wahlreformen beförderten insofern die Verbürgerlichung des Arbeiters. Die Wahlkabine wurde schon von den Zeitgenossen als Inbegriff der Disziplinierung erkannt und von konservativen Kräften kritisiert. Warum sollte der Bürger nicht offen und mannhaft seine Stimme abgeben, sondern dafür in eine »Isolierzelle« gedrängt werden? Heinrich von Treitschke (»Obrigkeit ist männlich«) verteidigte nicht nur die offene Abstimmung, sondern erklärte die Wahlkabine überhaupt – noch bevor es zu den standardisierenden Reformen kam – zur »Zumutung an ehrenhafte Männer«.[63] Es scheint fast so, als ob der misogyne Historiker ahnte, dass eine Zeit anbrach, in der Männlichkeit neu justiert wurde und Frauen nicht mehr wie selbstverständlich ausgeschlossen bleiben konnten.

Demokratie, das wurde bei den Wahlreformen einmal mehr deutlich, war nicht zuletzt ein bürgerliches Projekt, in dem Rationalität, aber auch körperliche Selbstkontrolle zählten. Die Disziplinierung kam zweifellos den Frauen zugute, deren Exklusion häufig mit der Unschicklichkeit des Wahlortes begründet worden war.

Beschleunigung der Partizipation

Als entscheidend erwies sich schließlich die Zeitersparnis durch ein rationalisiertes Verfahren. Die umständlichen Wahlversammlungen wurden abgeschafft und der Wahlakt immer kürzer. Vermutlich hätten sich politische Massenwahlen als zentrale Willensermittlung gar nicht durchsetzen können, wenn es nicht gelungen wäre, die Bürger mit dem Urnengang nur minimal zu belästigen: einige Minuten alle paar Monate oder Jahre. Das preußische Dreiklassenwahlrecht war auch deswegen bei den Bürgern verachtet, weil es die Stimmabgabe in der obsoleten Form der Wählerversammlung vorsah, die sich über viele Stunden hinziehen konnte. Karl Liebknecht betrachtete den Zeitfaktor gar als eines der Hauptprobleme dieses Wahlsystems: »Die Öffentlichkeit der Abstimmung als Abschreckungsmittel schlagen wir dabei nicht so hoch an als den Verlust der Zeit, zum mindesten eines halben Arbeitstages.«[64] Wahlen fanden in aller Regel noch nicht an einem Sonntag statt, weil es religiösen Gefühlen widersprochen hätte, diesen hitzigen Akt am Tag des Herrn durchzuführen. Die Sozialdemokratie kämpfte auch für den Sonntag als Wahltag, denn unter der Woche war es für Arbeiter oft schwierig, Zeit für die Stimmabgabe zu finden.

Das Tempo der Stimmauszählung reihte sich ein in die kompetitiven Diskurse der Zeit. Die Verwaltung mahnte die Wahlaufseher in Großbuchstaben, »SOFORT NACH ABGEHALTENER WAHL« das Resultat weiterzuleiten.[65] Immer schneller musste es gehen, die hoch politisierten Menschen rissen den Zeitungsjungen die Exemplare aus der Hand. Dauerte eine Auszählung Mitte des 19. Jahrhunderts noch mehrere Tage, so lagen die Ergebnisse um die Jahrhundertwende oft nach wenigen Stunden und spätestens am nächsten Morgen vor.[66]

In Berlin organisierte Ullstein 1907 am Wahlabend ein Public Viewing. Am Verlagshaus in der Kochstraße wurde eine riesige Leinwand errichtet, auf die mit Scheinwerfern die Gesichter der Wahlsieger und die Ergebnisse geworfen wurden.[67] »Gegen 15 000 Menschen erwarteten hier mit Spannung die Nachrichten und brachen in stürmische Hochrufe aus, wenn die Wahl eines populären Kandidaten [...] verkündet wurde«, beschrieb die *Berliner Illustrirte Zeitung*, ein Ullstein-Blatt, die Szene. »Die aufgeregte Menge, das Heranrasen der Berichterstatterautomobile, das Ausschwärmen der Boten mit den in Hunderttausenden Exemplaren verbreiteten Extrablättern der ›Berliner Morgenpost‹ bot eine wahrhaft weltstädtische Szene.«[68]

Die gewaltige Inklusion: Krieg als Massenevent

In der Zeit der Massenpolitisierung war auch der Krieg eine Angelegenheit der Vielen. Das hatte sich schon zu Beginn des Massenzeitalters abgezeichnet, mit dem Amerikanischen Bürgerkrieg etwa oder dem Deutsch-Französischen Krieg, die in ihrer Brutalität und ihrem Zugriff auf die Zivilbevölkerung einige der Merkmale von Kriegen im 20. Jahrhundert vorwegnahmen. Welche Rolle aber spielte dann für den Kriegsausbruch die Tatsache, dass Deutschland keine Demokratie war und die deutsche Verfassung dem Monarchen die Entscheidung über Krieg und Frieden zuschrieb? Die Frage stellt sich, auch wenn monokausale Vorstellungen einer »Alleinkriegsschuld« Deutschlands heute nicht länger als haltbar gelten, da die internationalen Dynamiken viel komplexer waren.[69] Zweifellos verantwortete Deutschland wesentlich den Krieg, hatte die deutsche Führung doch – mit bemerkenswerter Gewaltbereitschaft – eine »Politik des kalkulierten Risikos« (Andreas Hillgruber) betrieben.[70] Die Gründe für den Kriegsausbruch hatten aber weniger mit dem Staats- und Verfassungssystem zu tun. In Großbritannien verweigerte das Kabinett die Zustimmung zum Krieg, um die Außenminister Sir Edward Grey nachsuchte, und auch später gab es keine Entscheidung des Kabinetts für den Waffengang. Das Parlament aber wusste nichts von den Mehrheitsverhältnissen im Kabinett, obwohl dieses de jure doch vom Parlament abhängig war.[71] Mit demokratischer Entscheidungsfindung hatte das wenig zu tun. General Sir Henry Wilson machte ohnehin keinen Hehl daraus, was er von der parlamentarischen Regierung hielt, und nannte sie eine Ansammlung »dreckige[r], ahnungslose[r] Köter«.[72]

Hätte Deutschland mit einem starken Parlament den Schlieffen-Plan nicht in Gang gesetzt? Wäre es dann nicht unter Missachtung internationalen Rechts in Belgien eingefallen? »[W]ir haben keine Beweise dafür, dass Demokratien bessere strategische Entscheidungen treffen als andere Regierungsformen«, argumentiert die Historikerin Margaret Anderson; für jeden Schlieffen-Plan gebe es fragwürdige Kriegspläne von Demokratien wie die desaströse Schlacht um Singapur der Briten 1942 oder die auf Lügen basierende Irak-Invasion von 2003.[73]

Über die waghalsige Politik der deutschen Führung, den starken Einfluss des Militärs und den volatilen Charakter von Wilhelm II. ist viel geschrieben worden; zu Recht, denn diese Faktoren haben wesentlich zum Kriegsausbruch beigetragen. Dennoch lassen sich Kriegsbeginn und -dynamik in Deutschland so wenig wie in den anderen Industriestaaten von der Massenpolitisierung trennen. Das zeigte sich formal zunächst daran, dass auch im monarchischen Deutschland kein Weg am Parlament vorbeiging: Der Reichstag ermöglichte am 4. August mit einem Kriegshaushalt die Finanzierung des Krieges.[74]

Krieg im Zeitalter der Massenpolitik bedeutete aber auch, dass die alten Fragen der nationalen Ehre nun in einem ganz neuen Ausmaß hochgepeitscht und in der Öffentlichkeit verhandelt wurden. Das ist umso bemerkenswerter, als sich die Bevölkerung in den unterschiedlichen Ländern zunächst durchaus zurückhaltend gegenüber dem Kriegstreiben zeigte. Die Zeit war nicht blutrünstig, die Menschen zogen nicht des Friedens überdrüssig in den Krieg, wie oft behauptet wurde. Die Verleihung des Friedensnobelpreises, die 1901 zum ersten Mal stattfand, war jedes Jahr ein internationales Ereignis, und Preisträgerinnen und Preisträger fanden hohe Anerkennung. Im Jahr 1905 wurde die österreichische Pazifistin Berta von Suttner ausgezeichnet. Die deutsche Friedensbewegung war zwar im Vergleich zu Frankreich oder den USA mit 10000 Mitgliedern klein.[75] Und es gab durchaus Stimmen wie die des preußischen Generals und Publizisten Friedrich von Bernhardi, der den Krieg in seinen Texten zur »biologische[n] Notwendigkeit« überhöhte.[76] Doch militärkritische Bücher wie Fritz Oswald Bilses *Aus einer kleinen Garnison* erzielten ebenfalls hohe Auflagen. Und der einflussreiche Bund Deutscher Frauen erklärte 1899 die »Verbreitung und Förderung der Friedensidee zu seiner ersten Aufgabe«.[77]

Viele Zeitgenossen erkannten zudem, wie gefährlich bei allen Chancen die moderne Technik war. Ein Krieg, so mahnten bedeutende Vertreter des Bürgertums, würde aufgrund der neuen Waffen bisher nicht vorstellbares Unheil über Europa bringen.[78] Das bunte Militär und die Soldaten mit gewichsten Schnurrbärtchen wurden kaum als Aggressionsmacht gesehen, sondern als Instrument der Verteidigung. Auf martialischen Feiern rühmten Redner das Heer als Beschützer des Vaterlandes und als »Hort des Friedens«.[79] Um 1900 gehörten kleine, eingehegte Kriege in einer nicht der »Zivilisation« zugerechneten Kolonialwelt zur politischen Räson, aber ein europäischer Krieg der großen Mächte schien weit weg, für viele tatsächlich undenkbar. »Völker von hoher Bildung oder Kulturstufe« sollten auf Kriege ebenso verzichten wie die »Gebildeten« auf physische Gewalt, war eine weit verbreitete Meinung.[80] Andrew Carnegie, der amerikanische Multimillionär und Philanthrop, erklärte in seinem viel beachteten Buch *Triumphant Democracy*, Demokratien seien überlegen, weil sie mehr Geld für Bildung und weniger für Militär ausgäben. In einer Statistik verglich er die Länder, wobei auffällt, dass Deutschland nach den USA das zweithöchste Bildungsbudget und geringere Ausgaben für das Militär vorzuweisen hatte als Frankreich, Großbritannien und Russland.[81]

Die stärkste Partei in Deutschland, die Sozialdemokratie, verstand sich ohnehin als Friedensmacht. Auf ihren Versammlungen und Großdemonstrationen beschwor sie ein ums andere Mal den Frieden. Während des Cholera-Ausbruchs in Hamburg 1892 fragte der *Vorwärts*, was schlimmer sei: Militarismus oder Cholera? Aufgrund der Millionen Toten, die Kriege erforderten, sei »mit dem Militarismus verglichen die Cholera bei Weitem das kleinere Uebel«.[82]

Die neuere Forschung hat seit Längerem gezeigt, dass bei Kriegsausbuch keineswegs alle Schichten begeistert waren. Die ländliche Bevölkerung war insgesamt zurückhaltender, auch Arbeiterfamilien jubelten häufig nicht mit. Der deutschen Regierung war klar, dass sie die Bevölkerung nur dann erfolgreich für diesen Krieg mobilisieren konnte, wenn es gelang, ihn überzeugend als Verteidigungsfall zu präsentieren.[83] In allen Ländern wurde der Gegner als Aggressor dargestellt, dem man aus reiner Notwehr entgegentreten müsse. So zogen die Menschen überall mit der Überzeugung in den Krieg, lediglich ihre Heimat zu verteidigen.

Dieser Glaube trug wesentlich dazu bei, dass sich dann doch die überwältigende Mehrheit der Menschen mit dem Krieg identifizierte und bereit war, in ihm zu sterben oder ihm die Ehemänner und Söhne zu opfern. Der Krieg wäre ohne die Zustimmung der Massen nicht möglich gewesen –

auch das gehört zu den Konsequenzen der Demokratisierung. In allen europäischen Hauptstädten spielten sich ähnliche Szenen ab: riesige Versammlungen bei der Kriegserklärung, bejubelte Staatenlenker, Beschwörungen der nationalen Einigkeit und Stärke – »Burgfrieden« auf der einen Seite, »Union sacrée« auf der anderen.[84]

Selbst die Sozialdemokraten machten mit und stimmten dem Kriegsbudget im Parlament zu. Für viele war es ein großes und ergreifendes Erlebnis, endlich in den Schoß der nationalen Gemeinschaft aufgenommen zu werden. Aus Sicht der Sozialdemokratie bestand eines der wichtigsten Argumente darin, dass es in diesem Krieg gegen die despotische Macht Russland ging – wobei dort mit Zar Nikolaus II. tatsächlich ein ausgesprochen reaktionärer Monarch herrschte. Im Reichstag rief der sozialistische Abgeordnete Hugo Haase: »Für unser Volk und seine freiheitliche Zukunft steht bei einem Sieg des russischen Despotismus, der sich mit dem Blute der Besten des eigenen Volkes befleckt hat, viel, wenn nicht alles auf dem Spiel.« Aber die Sozialisten betonten auch ihre patriotischen Gefühle: »Wir lassen in der Stunde der Gefahr das eigene Vaterland nicht im Stich«, hieß es im Parlament.[85]

Der überwältigende Teil der Frauenbewegung in allen kriegsführenden Ländern stellte sich in den nationalen Dienst und beendete die internationalen Kooperationen. Dennoch gab es weiterhin Stimmen gegen den Krieg, und unter ihnen fanden sich auffallend viele Frauen. Rosa Luxemburg war zutiefst verstört und entsetzt über die Zustimmung ihrer Partei.[86] Die britische Feministin Emily Hobhouse schrieb an Weihnachten 1914 mit hundert weiteren Frauenrechtsaktivistinnen einen »Open Christmas Letter« an die »Frauen in Deutschland und Österreich«: »We are yours in this sisterhood of sorrow.«[87] Anita Augspurg und Lida Gustava Heymann, zwei der vehementesten Kämpferinnen für das Frauenwahlrecht, erklärten: »Wahres Menschentum kennt keinen Völkerhaß. Frauen stehen wahrem Menschtum näher als die Männer.«[88] Für das Jahr 1915 initiierten die beiden mit Unterstützung der niederländischen Ärztin Aletta Jacobs den Internationalen Friedenskongress in Den Haag. 1136 Teilnehmerinnen reisten aus zwölf Ländern an, obwohl die Militärbehörden den Kongress zu verhindern suchten und dem Großteil der englischen Delegierten die Teilnahme nicht gelang.[89] Im Abschlussdokument heißt es:

> Wir Frauen, versammelt auf dem Internationalen Kongress, protestieren gegen den Wahnsinn und den Schrecken des Krieges und gegen das rücksichtslose Opfern von Menschenleben. [...] Dieser Internationale Frauenfriedenskongress wendet sich gegen die Annahme, Frauen könnten unter den Bedingungen der modernen Kriegsführung geschützt werden.

Die Frauen forderten unter anderem die Demokratisierung staatlicher Institutionen mitsamt dem Frauenwahlrecht, das Selbstbestimmungsrecht der Völker, Abrüstung, einen internationalen Gerichtshof zur Schlichtung von Konflikten und eine neue Pädagogik: die Erziehung zum Frieden. Viele der Forderungen fanden sich später im 14-Punkte-Plan des US-Präsidenten Woodrow Wilson. Jane Addams hatte ihm die Frauenfriedensresolution persönlich überreicht und ihn zu Friedensbemühungen gedrängt.[90]

Interessanterweise wurde während des Krieges, im Jahr 1916, als die Bevölkerung schreckliche Opfer brachte, über dem Westportal des Reichstags endlich die von Anfang an geplante sechzehn Meter breite Inschrift »Dem deutschen Volke« angebracht. In diesem Jahr begannen im Parlament wieder heftige parteipolitische Auseinandersetzungen, und die Abgeordneten traten wie vor dem Krieg mit ihrer Politik und Opposition an die Öffentlichkeit.

Das folgende Jahr bildet in der Demokratiegeschichte Deutschlands eine tiefe Zäsur. Die Entente erkannte 1917 die Demokratisierung oder – wie es die Briten umschrieben – die Durchsetzung »populärer Regierungen« als Kriegsziel an. Die Neuorientierung wurde wesentlich getragen vom Kriegseintritt der USA im selben Jahr. Dass in Russland die Revolution ausbrach, kam dieser Neujustierung alliierter Ziele sehr entgegen, denn mit dem Zaren als Verbündeten hätte sich diese Umorientierung kaum vermitteln lassen.[91]

In dem Schachzug, Demokratie zum Kriegsziel und entsprechend das Deutsche Reich propagandistisch zum Hort des autoritären Militarismus zu erklären, liegen wesentliche Ursprünge von der Erzählung eines rettungslos antidemokratischen Deutschland, das sich in der Forschung kaum, im öffentlichen Diskurs jedoch bis heute hält.[92] Wie wenig begründet diese Geschichte ist, zeigt sich nicht zuletzt daran, dass selbst progressive Intellektuelle wie Friedrich Meinecke mit Empörung den alliierten Alleinvertretungsanspruch für Zivilität und Demokratie zur Kenntnis nahmen. Sie wandten sich gegen den »Popanz einer deutschen Regierung, die vom Militarismus und Junkertum beherrscht werde«, wie Meinecke es zuspitzte.[93] Sogar ein scharfer Kritiker des deutschen Obrigkeitsstaates wie Max Weber entrüstete sich.[94]

1917 war auch das Jahr der Osterbotschaft, in der auf Anweisung des Reichskanzlers Theobald von Bethmann Hollweg der Kaiser mehr Demokratie versprach. »Nach den gewaltigen Leistungen des ganzen Volkes in diesem furchtbaren Kriege ist nach Meiner Überzeugung für das Klassenwahlrecht in Preußen kein Raum mehr.«[95] Zur Entrüstung der Aktivistinnen blieben Frauen weiterhin wie selbstverständlich ausgeschlossen. Die Demokratisierung ging dennoch weiter – in der alten martialischen Logik. Friedrich Meinecke erklärte 1917, im 19. Jahrhundert habe man dem

Volke noch leere Verfassungsversprechungen machen können, doch damit sei nun Schluss: »Ein Volk, das ein Zehnmillionenheer zu stellen und bei jedem neuen Existenzkampfe die namenlosen Opfer dieses Krieges wieder zu gewärtigen hat, lässt sich das nicht mehr gefallen.«[96] Diese Logik prägte künftig vor allem das konservative Denken. Carl Schmitt sprach sich als »cäsarisch gesinnter Demokrat« für die Trias »echter Nationalismus, allgemeine Wehrpflicht und Demokratie« aus.[97]

Noch 1917 begann das Reich mit der Umstellung auf ein parlamentarisches System. Sozialdemokratische, linksliberale und Zentrumsabgeordnete schlossen sich im Parlament zusammen und gründeten im Juli den Interfraktionellen Ausschuss. Gemeinsam entwickelten sich diese Parteien zu einem schlagkräftigen, parlamentarischen Machtfaktor und gewannen starken Einfluss auf den Transformationsprozess hin zur Demokratie. Diese Kräfte würden, von den Jahren der NS-Herrschaft abgesehen, über Jahrzehnte die Geschicke Deutschlands bestimmen. Die maßgeblichen Beamten und Intellektuellen, die für die Demokratisierung kämpften und sie umsetzten, betonten, dass die alliierten Kriegsziele dazu nichts beigetragen hätten, sondern dass sich hier vielmehr die Traditionslinien der preußischen Reformen am Beginn des 19. Jahrhunderts fortsetzten. Selbst die Sozialdemokratie lehnte die Behauptung der Alliierten ab, sie müssten die Demokratie gegen Deutschland verteidigen. Dennoch spielte der Druck von außen zweifellos eine Rolle und bestärkte die Reformer.[98] Angesichts der desaströsen Kriegslage konnten die progressiven Kräfte unter Führung der Sozialdemokratie dann 1918 die »Oktoberreformen« durchsetzen: Die Regierung wurde ans Parlament gebunden. Das preußische Herrenhaus stimmte in einer ersten Lesung der Abschaffung des Zensuswahlrechts zu.[99] Deutschland demokratisierte sich und wurde wie Großbritannien zu einer parlamentarischen Monarchie.

Die Frauen aber blieben einmal mehr ausgeblendet. Doch nun trug das dazu bei, dass sich alle zusammenfanden: Sozialistinnen, Liberale, Marie Juchacz und Anita Augspurg ebenso wie Gertrud Bäumer, Gewerkschafterinnen ebenso wie Sozialpolitikerinnen. Sie protestierten am 25. Oktober 1918 mit einem Schreiben an den Reichskanzler. Am 8. November versammelten sich Frauenrechtlerinnen in den Großstädten zu Kundgebungen, um ein allgemeines und gleiches Wahlrecht zu fordern. Da war die Revolution in Deutschland schon ausgebrochen. Die Truppen liefen zu den Sozialisten über. Reichskanzler Max von Baden verkündete einen Tag später die Abdankung des Kaisers und bot dem Sozialdemokraten Friedrich Ebert als dem Vorsitzenden der stärksten Partei im Parlament das Amt des Regierungschefs an. Vom Krieg hatten die Menschen genug – das machten die Soldaten und weite Teile der Bevölkerung klar. Die Oberste Heeresleitung hatte das Land in eine katastrophale Lage geführt; ihre Unerbittlichkeit hatte einen Friedensvertrag mit milderen Bedingungen verhindert.

Insgesamt entfaltete der Erste Weltkrieg – noch stärker als der Deutsch-Französische Krieg von 1870/71 – eine gewaltige Inklusionskraft. In allen Nationen priesen die Dichter die Kameradschaft im Angesicht des Todes, der egalisierende Effekt war ungeheuerlich. »Eine Kugel kam geflogen,/Gilt's mir oder gilt es dir?/Ihn hat es weggerissen,/Er liegt zu meinen Füßen,/Als wär's ein Stück von mir«, sangen die Männer das alte Kriegslied von Ludwig Uhland. Der Krieg forcierte vor allem in der Anfangsphase die dunkle Seite der Demokratie, ihre massenhysterische, populistische Potenz.[100] Diese Energien nährten lange Zeit das Gemetzel – trotz der Gärungen in der Arbeiterschaft ab etwa 1916. Die Menschen nahmen das Massensterben hin. 17 Millionen kamen im Ersten Weltkrieg um. 71 Millionen Männer aus aller Welt zogen insgesamt in den Kampf, zehn Millionen fielen; von den rund elf Millionen deutschen Soldaten starben zwei Millionen. Und danach hemmten die populistischen Energien den Friedensprozess.

Massenpolitik und Friedensschluss

Wie konnten Frauen Teil dieser kriegerisch-egalitären Männergemeinschaft werden? Lange Zeit wurde behauptet, Frauen hätten sich durch ihren Dienst an der »Heimatfront« das Wahlrecht erarbeitet und seien durch die neue nationale Gemeinschaft integriert worden. Die linke, damals insbesondere von den Sozialistinnen und Sozialisten artikulierte Position vertritt dagegen die Ansicht, »daß es die Revolution gewesen ist«, wie Marie Juchacz in der ersten Rede einer Frau vor dem deutschen Parlament 1919 behauptete.[101] Tatsächlich wurde das Wahlrecht im Laufe der Revolution im November 1918 von der provisorischen Regierung, dem Rat der Volksbeauftragten, ausgerufen. Beide Positionen – Krieg oder aber Revolution als Ursache für die Einführung des Frauenwahlrechts – sind nicht falsch. Doch die Gründe für eine so große Veränderung wie die politische Emanzipation der Frauen waren wesentlich vielfältiger. Schließlich griff die Logik, dass Frauen für ihren Einsatz das Wahlrecht bekommen sollten, keineswegs in allen kriegsführenden Ländern. Die französischen Frauen erhielten ebenso wenig wie die italienischen nach dem Ersten Weltkrieg das Wahlrecht; die Britinnen bekamen das gleiche Wahlrecht nur schrittweise und voll erst 1928. Und wie die Einführung des Frauenwahlrechts in den meisten Ländern zeigt, war eine Revolution dafür gar nicht nötig. Vermutlich ist der wichtigere Faktor die Demokratisierung und Massenpolitisierung in den Jahrzehnten vor dem Weltkrieg. Dazu gehört der gerade in der deutschen Geschichtsschreibung so oft übersehene lange Kampf der Frauen um ihr Wahlrecht, der über die gesamte Zeit des Kaiserreichs (und schon davor) ausgefochten wurde. Für die Bedeutung der Frauenbewegungen und für den Aufbruch um 1900 spricht auch, dass in dieser Zeit bereits die ersten Länder das Wahlrecht einführten: Neuseeland 1893, Finnland 1906, Norwegen 1913. Die entscheidende Zäsur war weniger der Erste Weltkrieg mit der folgenden Revolution als vielmehr der emanzipatorische Aufbruch der Reformzeit.

Tatsächlich vermochte der Krieg die Aufbrüche um 1900 nicht zu neutralisieren. Weil er so entsetzlich war, bedeutete er für viele eine Bestätigung der progressiven Entwicklungen in der Vorkriegszeit. Die jüngere Forschung zur Weimarer Republik verweist auf die großen Chancen und Errungenschaften der Zwischenkriegszeit. Diese Epoche aber konnte an vieles aus der Vorkriegszeit anknüpfen: an die Frauenemanzipation, die Reformpolitik, an Kunst und Architektur; vor allem konnten die Traditionen des Sozialstaats auf beeindruckende Weise fortgeführt werden.[102] Kontinuitäten freilich gab es auch in anderer Hinsicht. Der eng mit dem Antisemitismus verwobene radikale Nationalismus hatte seine Wurzeln im Kaiserreich und erfasste nun viele Menschen mit bislang ungekannter Aggressivität. Die Völkischen profitierten vom Krieg. Im denkwürdigen Jahr 1917 gründete sich die Deutsche Vaterlandspartei: antisemitisch, antidemokratisch, rassistisch, hasserfüllt. Nach dem Krieg blühten diese Kräfte im Morast der vermeintlichen Demütigung und gekränkten nationalen Ehre in nie dagewesener Stärke auf.[103]

Trotz der demokratischen Aufbrüche in der Weimarer Republik ist die Einordnung des Ersten Weltkriegs als »Urkatastrophe« des 20. Jahrhunderts nicht von der Hand zu weisen. Der Krieg zerstörte die Globalisierung und die Vernetzung der Welt. Er hatte ein ganz neues Ausmaß an Gewalt und an kriegerischer Vernichtungskraft freigesetzt. Zwar gibt es keine klaren Kontinuitäten von der Gewalt des Weltkriegs zur Gewalt am Anfang und am Ende der Weimarer Republik, die dann in den Terror des Nationalsozialismus überging. Die meisten Männer waren froh, als der Krieg zu Ende war, und nur eine Minderheit organisierte sich in den berüchtigten Freikorps und beteiligte sich an den andauernden Kämpfen in vielen Regionen Europas.[104] Dennoch lässt es sich nicht leugnen, dass der Weltkrieg die im Kaiserreich erreichte Pazifizierung der Gesellschaft massiv beschädigte. Das Ausmaß an Gewalt in den Straßen Weimars wäre im Kaiserreich undenkbar gewesen. Die Triebkräfte des Krieges waren der Hass und die Feindpropaganda – die Inklusion nach innen und die Exklusion nach außen ins Extreme getrieben.

Den Versailler Vertrag sollte man dennoch nicht auf seine Härten reduzieren. Er bot zahlreiche Chancen für einen Neuanfang. Nach dem jahrelangen Sterben war der Friedenswille überall groß. In den Artikeln 1 bis 26 enthielt der Friedensvertrag die Satzung des Völkerbundes, der am 10. Januar 1920 seine Arbeit aufnahm. Das war ein wichtiger Auftakt, der den Friedenswillen beschwor – bei allen Unvollkommenheiten. Gleichwohl erschien dieser Vertrag den meisten Deutschen als unerträglich. Die Frauenrechtlerinnen, die 1915 in Den Haag erklärt hatten, der Friede müsse ein ausgewogener sein, waren über das von Männern ausgehandelte Ergebnis bitter enttäuscht. Mit Wilsons 14-Punkte-Programm und dem Selbstbestimmungsrecht der Völker war der Versailler Vertrag nicht vereinbar – was wenig überraschend ist, hatten die Deutschen die 14 Punkte doch zunächst selbst zurückgewiesen.

Dass der Vertrag für die Besiegten so harsch ausfiel, hat auch mit dem Demokratisierungsprozess zu tun. Die Sieger mussten ihn vor ihrer nationalen Öffentlichkeit rechtfertigen können. Für die französischen Verhandlungsführer war es schwer genug, selbst mit diesem für Deutschland so ungünstigen Vertrag in ihrer Bevölkerung Akzeptanz zu finden. Der Krieg hatte auf französischem Boden gewütet, nicht auf deutschem. 1,4 Millionen Franzosen waren ihm zum Opfer gefallen, im Norden und Nordosten Frankreichs waren zwei Millionen Hektar Kulturlandschaft und 200 000 Häuser verwüstet. 60 000 Straßen- und 5600 Eisenbahnkilometer hatten die Deutschen zerstört. Zudem war das Land unter einem Berg an Schulden begraben.[105]

Die Zeiten der elitären Geheimdiplomatie waren spätestens seit den neunziger Jahren des 19. Jahrhunderts vorbei, als die Öffentlichkeit auch in der Außenpolitik mitzuspielen begann. Massenpolitisierung und Demokratisierung hatten mit dem Ersten Weltkrieg und mit den Hassideologien von Rassismus und Antisemitismus ihre dunkle Macht offenbart.[106]

Fazit

Und doch: Deutschland wurde eine Republik. »Traum meiner Jugend, Erfüllung im Alter! Ich sterbe als Republikanerin!«, notierte die 77-jährige Lehrerin und Feministin Minna Cauer am 9. November 1918.[1] An diesem Tag rief Philipp Scheidemann die Republik aus. Nur zwei Tage später verkündete die provisorische Regierung das allgemeine und gleiche Wahlrecht – für Männer und Frauen. Der irrlichternde Kaiser floh ins Ausland. Im Krieg war er längst zur Randfigur geworden.

Deutschland lag mit seiner politischen Entwicklung weiterhin im Trend der Industriestaaten. Und Mitte der zwanziger Jahre sah es ganz danach aus, dass eine lange Periode des Friedens und Wohlstandes bevorstand. Weimar knüpfte in vielfacher Weise an das Kaiserreich an. Die Reformen um 1900 hatten den Boden für die Inklusion der Massen bereitet – um die erste These des Buches aufzugreifen. Die Einheit Deutschlands von 1871 war ja nicht nur ein Projekt zur Beförderung des Chauvinismus (das auch). Sie bildete die Voraussetzung für die Entwicklung zu einem Staat mit vorbildlicher Sozialpolitik und einem modernen Rechtswesen, mit einem geradezu beispiellosen Wissenschaftssystem und einer starken Wirtschaft, die Wohlstand für alle in Aussicht stellte; zu einem Staat, dem es gelang, die heterogene Bevölkerung weitgehend zu integrieren.

Die Reformen des Kaiserreichs richteten sich häufig auf den menschlichen Körper und seine Domestizierung. Dem Wahlakt kam mit der rationalen Wahltechnik eine neue physische Distinktion zu. Zahlreiche weitere Reformen zielten auf die Abschaffung von Praktiken, die als männlich galten:

Alkoholkonsum, Prügeleien, Prostitution, Gewalt. In vielerlei Hinsicht wurde Männlichkeit gezähmt. Gerade im Wertehorizont der Arbeiter tauchte ein neuer disziplinierter Umgang mit dem Körper auf. »Volksgesundheit« war die Losung, Hygienepraktiken setzten auf die Selbstregierung der Menschen. Und tatsächlich verbesserte sich gegen Ende des Jahrhunderts das alltägliche Leben merklich. Die Kindersterblichkeit sank, und die Lebenserwartung nahm zu. Die Reallöhne auch der Ärmsten stiegen, und insgesamt verbilligten sich Nahrung, Konsumgüter und Miete. Für die Mehrheit war das wichtiger als Flottenpolitik und Pickelhaube.

Zu dem Aufstieg trug wesentlich die Industrialisierung bei. Sie beutete die Menschen aus, bot aber zugleich die Grundlage dafür, dass die Massen zu selbstbewussten Steuerzahlerinnen und Konsumenten wurden, die ein Leben in relativer sozialer Sicherheit führen konnten. Um das zu erreichen, musste auch der Kapitalismus gezähmt werden, und das war ein entscheidender Teil der Reformen. Oft gegen den erbitterten Widerstand der Unternehmer, immer aber auch auf Druck der organisierten Arbeiterschaft und einer wachsenden Zivilgesellschaft wurden Gesetze zum Arbeitsschutz installiert, Löhne erhöht, Arbeitszeiten verkürzt. Mit einer gewissen Grundsicherung und ohne die schlimmsten existenziellen Ängste, mit Ressourcen für Partei- und Vereinsarbeit konnten sich nun auch Männer der Unterschichten in neuer bürgerlicher Würde erleben.

Was als angemessen gelten sollte, wurde damals neu ausgehandelt. Die aufmerksame Öffentlichkeit deckte Missstände auf und erzwang Verbesserungen. Armut entwickelte sich zum Skandal und wurde vom Staat bekämpft. Die Empörung über den Hamburger Cholera-Ausbruch im Jahr 1892 war ein Ausdruck der neuen sozialen und politischen Standards.

Die Domestizierung von Männlichkeitsvorstellungen und

männlichen Praktiken trug zu einem der wichtigsten Inklusionsprozesse der Zeit bei: der politischen Mobilisierung von Frauen. Dadurch erst gewann die Massenpolitisierung ihre volle Bedeutung. Fast alle politischen Richtungen der Frauenbewegung positionierten sich als Reformkräfte, behaupteten ihre besondere Kompetenz in der sozialen Frage und leiteten daraus den Anspruch auf Partizipation und Selbstbestimmung ab. Die meisten Frauen dachten innerhalb eines dichotomischen Geschlechterbildes. Sie sahen sich als Gegnerinnen der zerstörerischen Gewalt und als Anwältinnen der – oft als weiblich konnotierten – friedlichen Reformen. Die Frauenrechtlerinnen konnten an frühere Bewegungen anknüpfen. Aber noch nie hatten ihre Anliegen eine so breite Basis in der Bevölkerung und noch nie war ihre Stimme so laut. Erstmals wurden Frauen zu einer hörbaren politischen Kraft, auch wenn die Staatsführung ihnen entscheidende politische und soziale Rechte noch verweigerte.

Dank der Reformbewegungen und ihrer Inklusionsdynamik liegen im Kaiserreich wichtige Wurzeln der Massendemokratie – so die zweite These dieses Buches. Das neue Gemeinschaftsgefühl wurde wesentlich durch das Konstrukt der Nation getragen. Die unteren Schichten drangen in immer weitere Bereiche vor. In Massenverbänden, Vereinen und Kneipendiskussionen, mit Petitionen und Demonstrationsmärschen mischten sich Männer und Frauen in die Politik ein und befeuerten die Zivilgesellschaft. Die Inklusion aber beförderte die Exklusion der Anderen. Dieser Prozess war nicht nur ambivalent, sondern auch folgerichtig. Die Aufbruchszeit der Integration und der Reformen war zugleich die Zeit des Hochimperialismus, in der die nordatlantischen Staaten, die sich selbst als den Gipfel der Zivilisation verstanden, andere Territorien ausraubten, andere Menschen für minderwertig erklärten und deren Körper zerstörten. Ihr Gemeinschaftsgefühl gewannen die Menschen in den Industriestaaten nicht zuletzt durch Abgrenzung. Die aktuelle neue Aufmerksamkeit für die Kolonialgeschichte zeigt, wie wichtig der Blick auf die Jahrzehnte der ersten Globalisierung ist, als nicht nur die Grundlagen der Massenpolitisierung gelegt wurden, sondern auch die korrespondierenden Exklusionen stattfanden.

Warum ist die internationale Einbettung des Kaiserreichs so wichtig? Zunächst sind Vergleiche immer ratsam, um die Analyse zu schärfen. Die Verbrechen des Kaiserreichs in den Kolonien lassen sich kaum verstehen, wenn sie als ein deutsches Problem behandelt werden und nicht als ein Effekt moderner, hoch effizienter Staaten. Auch im Detail ist der Vergleich wichtig: Die Machtdefizite des deutschen Parlaments etwa erscheinen in einem anderen Licht, wenn mitbedacht wird, dass es in vielen Südstaaten der USA eine rassistische Einparteienherrschaft gab, die wesentlichen Einfluss auf den Kongress und die US-Politik hatte; wenn klar wird, dass in den Vereinigten Staaten, aber auch in Großbritannien, wo ohnehin relativ wenige wahlberechtigt waren, ein beträchtlicher Anteil der Menschen dieses Rechts verlustig ging oder es nicht ausüben konnte.

Für eine Geschichte des nordatlantischen Raums oder, vereinfacht gesagt, des Westens ist es entscheidend, die dunklen Entwicklungen nicht zu exotisieren: als ein genuin deutsches Problem. Das ist ja keine neue Erkenntnis: Rassismus, Antisemitismus, Träume von Eugenik und reinem Blut, die Arbeit an einem gesunden »Volkskörper« und der Hass gegen das Andere gehören zur Geschichte des Westens.[2] Es gibt Kontinuitätslinien von der Massenpolitisierung der Jahrhundertwende in verbrecherische Systeme und totalitäre Geisteswelten. Mussolini erkannte in seiner Herrschaft eine »democrazia totalitaria«, und die Nationalsozialisten prahlten mit ihrer »wahren Demokratie«, die ohne parlamentarische und andere Hindernisse unmittelbar den Volkswillen umsetze.[3] Der Zivilisationsbruch des Nationalsozialismus ging nicht aus einem absonderlichen, demokratiefeindlichen System hervor, sondern aus einer modernen Republik. Das schmälert nicht im Geringsten die Verantwortung der Deutschen. Sie wussten 1933, was sie taten, und stolperten nicht als tumbe Untertanen in die Diktatur. Der internationale Blick verkompliziert die Erklärungen für den Nationalsozialismus und den Holocaust, aber auch die Erzählungen und Vorstellungen vom Westen und von der Demokratie.

Im Kaiserreich liegen jedoch nicht nur die Wurzeln des Nationalsozialismus, sondern auch der demokratischen Zeit davor in Weimar und danach in der Bundesrepublik. Seit den Jahrzehnten um 1900 ließ sich im nordatlantischen Raum – der sich selbst als »Zivilisation« definierte – kein Staat mehr ohne die Massen, die breite Bevölkerungsmehrheit, machen. Die Vorstellung erwies sich als außerordentlich attraktiv, und heute existiert kaum noch ein Land, das nicht vorgibt, seine Herrschaft auf der Volkssouveränität zu begründen. Selbst die nach der Reformzeit aufziehenden Diktaturen des 20. Jahrhunderts konnten nicht mehr dahinter zurück, nannten sich häufig Demokratien und Republiken und beriefen sich ernsthaft (und nicht immer zu Unrecht) auf das Volk.

Die Jahrzehnte um 1900 schufen die Grundlage für die Demokratisierung der Welt – mit allen Neigungen zu Populismus und Faschismus. Viele der Reformen in dieser Zeit zeigten bereits eine Lösung auf: die Beschränkung der einzelnen Funktionssysteme. Die Bändigung des Kapitalismus gehörte ebenso dazu wie die Begrenzung der Herrschaft durch eine Verfassung; umso klarer zeigen sich heute im Rückblick die Mängel an anderen Stellen: Im Kaiserreich war wie in anderen europäischen Ländern eine Zähmung des Militärs unterblieben; in den USA hingegen herrschten oft Parteienkorruption und rohe Gewalt. Und weltweit galt physische Übermacht als Legitimation für die Unterdrückung anderer Kontinente. Eine Lehre aus der Zeit des Kaiserreichs ist die Einsicht, dass Massengesellschaften, in denen die Vielen ermächtigt werden, niemals ohne Einschränkungen funktionieren und ohne zusätzliche Absicherungen der Grundwerte – wenn das Ziel des gesellschaftlichen Zusammenlebens die Würde des Menschen ist.

Zugleich ist diese Zeit aber auch ein eindrückliches Beispiel für die Kraft der Emanzipation. Die Welt lässt sich neu denken und neu gestalten, das demonstrierten vor allem die Sozialdemokratie und die Frauenbewegungen; die Sozialdemokratie war zweifellos die einflussreichste Bewegung der Epoche, aber die Frauenemanzipation begann damit, die älteste und tiefste Ungleichheit, die Geschlechterhierarchie, ins Wanken zu bringen. Dafür war ein anderer Umgang mit dem Körper wesentlich, eine Sensibilisierung, die durch neue Ideen von Gleichheit befördert wurden. Insofern lassen sich Bewegungen wie Black Lives Matter oder #MeToo in die Tradition dieser Aufbruchszeit stellen. Auch sie bedürfen des Mutes, die Welt und den Körper ganz anders zu denken, sie brauchen den langen Atem der Reformerinnen und Reformer und müssen sich darauf einstellen, dass es in solchen Prozessen stets auch zu Rückschlägen kommt. Diese neuen Bewegungen zeigen, wie attraktiv das Ideal der Emanzipation nach wie vor ist.

Eine blühende Wissenschaft, steigender Wohlstand, ein Rechts- und Sozialstaat, der es als seine Aufgabe begriff, allen ein gutes Leben zu ermöglichen, demokratisierende Reformen, die aufkeimende Ermächtigung der Frau: Das waren die großen Leistungen der Jahrzehnte um 1900 im nordatlantischen Raum. Die Reformzeit lässt sich in diesem Sinne nicht nur als Schluss-, sondern auch als Höhepunkt des 19. Jahrhunderts verstehen, des »Jahrhunderts der Emanzipation«. Vieles trug dazu bei, dem alten Traum der Aufklärung näherzukommen: »Tout pour le peuple, tout par le peuple, tout au peuple«.[4] Wer aber die andere, die dunkle Seite der Massenpolitisierung als deutsches Problem definiert, vereinfacht die Geschichte des Westens in unangemessener Weise.

Anmerkungen

Einleitung

1 Viersbeck, Doris, *Erlebnisse eines Hamburger Dienstmädchens*, Berlin 2013 [1910], S. 62.
2 Vgl. beispielhaft *Die Gartenlaube* 43 (1892), S. 717.
3 *The Times* (27. September 1892), S. 7, S. 5.
4 Pyta, Wolfram, »Das Kaiserreich als System kompromisshafter Entscheidungen«, in: *Einigkeit und Recht – doch Freiheit? Das Kaiserreich in der deutschen Demokratiegeschichte* (Tagungsbericht), herausgegeben von Andreas Braune und Markus Lang, Weimar 2020, S. 28-32.
5 Einen nach wie vor guten Forschungsüberblick – auch zur Frage der Reformfähigkeit – bietet der Sammelband Müller/Torp (Hg.), *Das Deutsche Kaiserreich in der Kontroverse*, a. a. O. (Auswahlbibliografie); vgl. auch Aschmann, Birgit (Hg.), *Durchbruch der Moderne? Neue Perspektiven auf das 19. Jahrhundert*, Frankfurt am Main 2019, insbesondere die Beiträge von Monika Wienfort, Frank Bösch und Andreas Fahrmeir; vgl. zu den Kollektivbegriffen den Überblick bei Middendorf, Stefanie: »Masse«, Version: 1.0, in: *Docupedia-Zeitgeschichte* (5. November 2013), online verfügbar unter: {http://docupedia.de/zg/Masse?oldid=125859} (alle URL Stand Dezember 2020).
6 Osterhammel, *Die Verwandlung der Welt*, a. a. O., S. 1297.
7 Woolf, Virginia, *Mr. Bennett and Mrs. Brown*, London 1924, S. 4.
8 *The Times* (27. September 1892), S. 7, S. 5.
9 Vgl. als Beispiel für die internationale Diskussion in Fachjournalen die Auseinandersetzungen im *British Medical Journal* in den Jahren 1892 und 1893.
10 *Hamburger Freie Presse* (26. November 1892); vgl. ähnlich *The Times* (27. September 1892), S. 5.
11 Evans, *Tod in Hamburg*, a. a. O., S. 606.
12 Zitiert nach ebd.
13 Bake, Rita/Kirsten Heinsohn, *Zur Geschichte der Hamburger Frauenbewegung und Frauenpolitik vom 19. Jahrhundert bis zur Neuen Hamburger Frauenbewegung Ende der 1960er Jahre*, Hamburg 2012, S. 67, S. 111, S. 119.
14 »Tagesbericht«, in: *Hamburger Nachrichten* (16. September 1892).

15 *Hamburgische Börsen-Halle* (12. September 1892), S. 1; »Tagesbericht«, in: *Hamburger Nachrichten* (16. September 1892); »Erinnerungen von Hermann Junge« (1932), veröffentlich in *Hamburgische Geschichts- und Heimatblätter* 14/5 (2000), S. 97-112, S. 110.

16 Evans, *Tod in Hamburg*, a. a. O., S. 603, S. 677-688; Erdmann, Heinrich, »Der ›Wahlrechtsraub‹ als Traditionsbruch. Zum Verhältnis von Senat und Bürgerschaft nach den Verfassungen von 1860 und 1879, 1906, 1919«, in: *Kleine Geschichte Hamburgs*, herausgegeben von Paul O. Vogel, Hamburg 1999, S. 17-31.

17 Vgl. Wolgast, Eike, »Reform, Reformation«, in: *Geschichtliche Grundbegriffe*, Bd. 5, herausgegeben von Otto Brunner, Werner Conze und Reinhart Koselleck, Stuttgart 1984, S. 313-360. Evans unüberhörbare Ungeduld mit den Reformern in Hamburg, die er auch daran misst, dass es ihnen nicht gelungen sei, die Klassengegensätze niederzureißen (*Tod in Hamburg*, a. a. O., S. 614), sind also kein überzeugendes Argument dafür, die Cholera habe kaum Reformen bewirkt.

18 Bäumer, Gertrud, »Frauenbewegung«, in: *Das Jahr 1913. Ein Gesamtbild der Kulturentwicklung*, herausgegeben von David Sarason, Leipzig/Berlin 1914, S. 150-156, S. 150f.

19 Vgl. mit einem Forschungsüberblick Nonn, Christoph, *Das Deutsche Kaiserreich. Von der Gründung bis zum Untergang*, München 2017; vgl. auch die reiche, leider oft wenig beachtete Forschung zu den Aufbrüchen der Frauen im Kaiserreich, etwa Schraut, *Bürgerinnen im Kaiserreich*, a. a. O.

20 Vgl. etwa zur Exotisierung die einflussreiche Interpretation Berghahn, Volker, *Das Kaiserreich 1871-1914. Industriegesellschaft, bürgerliche Kultur und autoritärer Staat*, Stuttgart 2003; vgl. auch Retallack, James, *Germany's Second Reich: Portraits and Pathways*, Toronto 2015.

1. Die deutsche Einheit

1 Werner, Anton von, *Erlebnisse und Eindrücke, 1870-1890*, Berlin 1913, S. 32f.; vgl. auch Rosenberg, Adolf, *Anton von Werner*, Bielefeld/Leipzig ^{2}1900, S. 27-29.

2 Beispielhaft Lothar Gall (*Bismarck*, a. a. O., S. 520), der fälschlicherweise erklärt, der 18. Januar sei »später zum Nationalfeiertag stilisiert« worden.

3 König, Mareike/Élise Julien, *Verfeindung und Verflechtung. Deutsch-*

land und Frankreich 1870-1918, *Deutsch-Französische Geschichte*, Bd. 7, Darmstadt 2019, S. 23.

4 Eine Übersicht über die Zeitungsberichterstattung ist auf der Website der Bayerischen Staatsbibliothek online verfügbar unter: {https://digipress.digitale-sammlungen.de/calendar/1871/1/18/}; auch in den Tagen danach bleibt die Berichterstattung teilweise sehr mager.

5 Vgl. Althammer, *Bismarckreich*, a.a.O., S. 61.

6 Vgl. Dülffer, Jost, »Deutschland als Kaiserreich«, in: *Deutsche Geschichte von den Anfängen bis zur Gegenwart*, herausgegeben von Martin Vogt, Frankfurt am Main 2006, S. 517-615; Stamm-Kuhlmann, Thomas, »Der Bundesrat. Instrument zur Verschleierung preußischer Einflußnahme«, in: *Das Parlament* 48/3-4 (1998), S. 11.

7 Vgl. etwa die Ergebnisse des an der Universität Siegen durchgeführten DFG-Projekts zum Thema »Integrieren durch Regieren. Funktionsweisen und Wandel des Föderalismus im Deutschen Reich 1871-1914«.

8 Vgl., auch zu den folgenden Ausführungen zur Verfassung, Biefang, Andreas, *Die andere Seite der Macht. Reichstag und Öffentlichkeit im »System Bismarck« 1871-1890*, Düsseldorf 2009, S. 21-25; zur Zensur vgl. Bösch, Frank, *Mediengeschichte. Vom asiatischen Buchdruck bis zum Computer*, Frankfurt am Main [2]2019, S. 108.

9 Nonn, *Bismarck*, a.a.O., S. 208-211, S. 355f.

10 Wetzel, David, *Duell der Giganten. Bismarck, Napoleon III. und die Ursachen des deutsch-französischen Krieges 1870-1871*, Paderborn 2005, S. 209.

11 Prominent und die weitere Forschung maßgeblich beeinflussend, Margaret L., *Lehrjahre der Demokratie. Wahlen und Politische Kultur im Deutschen Kaiserreich*, Stuttgart 2009; vgl. auch Wienfort, Monika, *Monarchie im 19. Jahrhundert*, Berlin 2019.

12 Vgl. Biefang, *Die andere Seite der Macht*, a.a.O., S. 21-25.

13 Richter, Hedwig, *Demokratie. Eine deutsche Affäre*, München 2020, S. 135.

14 Vgl. Bismarck, Otto von, »Überlegungen zur Gestaltung des Norddeutschen Bundes, Putbus, 30.10.1866« und »Unmaßgebliche Ansichten über Bundesverfassung, Putbus, 19.11.1866« (»Putbuser Diktate«), in: ders., *Die gesammelten Werke*, Bd. 6, herausgegeben von Gerhard Ritter und Rudolf Stadelmann, Berlin 1929, S. 167-168, S. 168-170.

15 Vgl. für die international vergleichende Perspektive auf den Föderalismus Anderson, »Ein Demokratiedefizit?«, a.a.O., S. 384-389.

16 Vgl. Röhl, John C.G., *Wilhelm II. Der Aufbau der Persönlichen Monarchie 1888-1900*, München 2001, S. 44 et passim.

17 Stamm-Kuhlmann, Thomas, »Nationalismus. Geschichtlich«, in: *Staatslexikon der Görres-Gesellschaft*, [8]2021, Bd. 4, S. 195-199.

18 Most, Johann, »Flugblatt, Aufruf des Streikkomitees der Arbeiter der Chemnitzer Maschinenfabriken und Gießereien« (28. Oktober 1871), in: *Quellensammlung zur Geschichte der deutschen Sozialpolitik 1867 bis 1914*, I. Abt, Bd. 3, Stuttgart 1996, S. 78 f.

19 Vgl. die Interpretation von Nonn, *Kaiserreich*, a. a. O.

20 Marx, Karl/Friedrich Engels, *Manifest der Kommunistischen Partei*, Stuttgart 2011 [1848].

21 Thiele, Alexander, *Der gefräßige Leviathan*, Tübingen 2019, S. 107 f., S. 290 f.

22 Vgl. zum weiteren Kontext Richter, Hedwig/Kerstin Wolff, »Demokratiegeschichte als Frauengeschichte«, in: *Frauenwahlrecht. Demokratisierung der Demokratie in Deutschland und Europa*, herausgegeben von dens., Hamburg 2018, S. 7-32; die Zitate finden sich dort auf S. 18 f.

23 Vgl. Wolfgang Eßbach, »Elemente ideologischer Mengenlehren: Rasse, Klasse, Masse«, in: *Grenzen des Menschseins. Probleme einer Definition des Menschlichen*, herausgegeben von Justin Stagl und Wolfgang Reinhard, Wien u. a. 2005, S. 727-755.

24 Roser, Max/Hannah Ritchie/Esteban Ortiz-Ospina, »World Population Growth«, in: *Our World in Data* (2019 [2013]), online verfügbar unter: {https://ourworldindata.org/world-population-growth}.

25 Plumpe, Werner, *Das kalte Herz Kapitalismus: Die Geschichte einer andauernden Revolution*, Berlin 2019, S. 168.

26 Althammer, *Bismarckreich*, a. a. O., S. 130; Freytag, *Das Wilhelminische Kaiserreich*, a. a. O., S. 13.

27 König/Julien, *Verfeindung und Verflechtung*, a. a. O., S. 150 f.; Plumpe, *Das kalte Herz*, a. a. O., S. 167.

28 Lenger, *Metropolen der Moderne*, a. a. O., S. 239.

29 Eisenacher Programm. Beschlossen auf dem Gründungsparteitag der Sozialdemokratischen Arbeiterpartei in Eisenach im Jahre 1869, veröffentlicht in: *Demokratisches Wochenblatt* (14. August 1869).

30 Althammer, *Bismarckreich*, a. a. O., S. 140 f.

31 König/Julien, *Verfeindung und Verflechtung*, a. a. O., S. 94; Nipperdey, *Machtstaat vor der Demokratie*, a. a. O., S. 356; Nonn, *Bismarck*, a. a. O., S. 265.

32 Althammer, *Bismarckreich*, a. a. O., S. 140-147; ein Bild des Banners ist auf der Website des Deutschen Historischen Museums online verfügbar unter: {https://www.dhm.de/lemo/kapitel/kaiserreich/innenpolitik/sozialistische-arbeiterpartei-deutschlands-sap.html}.

33 Stöbe, Herbert, *Der große Streik der Chemnitzer Metallarbeiter zur Durchsetzung des Zehnstundentages im Jahre 1871*, Karl-Marx-Stadt 1962.

34 Vgl. den Forschungsüberblick in Middendorf, »Masse«, a. a. O.

35 Tarde, Gabriel, »Le public et la foule«, in: *La Revue de Paris* (15. Juli 1898), S. 287-306; Wiestler, Dinah/Niklas Barth, »Le public et la foule. Praktiken des Massenhaften und die Entstehung digitaler Öffentlichkeit(en) auf Facebook«, in: *Kritische Öffentlichkeiten – Öffentlichkeiten in der Kritik*, herausgegeben von Kornelia Hahn und Andreas Langenohl, Wiesbaden 2017, S. 159-184.

36 Middendorf, »Masse«, a. a. O.; Goldstein, Jan, »›Moral contagion‹. A professional ideology of medicine and psychiatry in eighteenth- and nineteenth-century France«, in: *Professions and the French State, 1700-1900*, herausgegeben von Gerald Gison, Philadelphia 1984, S. 181-222.

37 Gamper, Michael, *Masse lesen, Masse schreiben. Eine Diskurs- und Imaginationsgeschichte der Menschenmenge, 1765-1930*, München 2007; Brückweh, Kerstin, *Menschen zählen. Wissensproduktion durch britische Volkszählungen und Umfragen vom 19. Jahrhundert bis ins digitale Zeitalter*, Berlin/Boston 2015.

38 Richter, Hedwig, *Moderne Wahlen. Eine Geschichte der Demokratie in Preußen und den USA im 19. Jahrhundert*, Hamburg 2017, S. 111-116.

39 Delbrück, Hans, *Regierung und Volkswille*, Berlin 1914, S. 131.

40 In einem Artikel im *Vorwärts* vom 31. Dezember 1899.

41 Zitiert nach Meier, Christian et al., »Demokratie«, in: *Geschichtliche Grundbegriffe*, Bd. 1, herausgegeben von Otto Brunner, Werner Conze und Reinhart Koselleck, Stuttgart 2004 [1972], S. 821-899, S. 893.

42 »Zur Einführung«, in: *Das Jahr 1913*, herausgegeben von David Sarason, a. a. O., S. 1.

43 Bisky, Jens, *Berlin. Biographie einer großen Stadt*, Berlin 2019, S. 306.

2. Arbeit und Vergnügen

1 Marx/Engels, *Das Kommunistische Manifest*, a. a. O., S. 22.

2 Plumpe, *Das kalte Herz*, a. a. O., S. 167.

3 Petersson, Niels P., »Das Kaiserreich in Prozessen ökonomischer Globalisierung«, in: Conrad/Osterhammel (Hg.), *Das Kaiserreich transnational*, a. a. O., S. 49-67, S. 54; Himmelfarb, *Poverty and Compassion*, a. a. O., S. 25, S. 35; Ullmann, Hans-Peter, *Der deutsche Steuerstaat. Geschichte der öffentlichen Finanzen*, München 2005, S. 39f.

4 Albrecht, Henning, *Troplowitz. Porträt eines Unternehmerpaares*, Göttingen 2020.

5 Colze, Leo, *Berliner Warenhäuser*, Leipzig/Berlin 1908, S. 10.

6 Spiekermann, Uwe, »Das Warenhaus«, in: *Orte der Moderne. Erfahrungswelten des 19. und 20. Jahrhunderts*, herausgegeben von Alexa Geisthövel und Habbo Knoch, Frankfurt am Main 2005, S. 207- 217.

7 Paul, Barbara, *Hugo von Tschudi und die moderne französische Kunst*, Mainz 1993, insbes. S. 24f., S. 339.

8 Zimmern, Alice, *Women's Suffrage In Many Lands*, London 1909, S. 79f.

9 Hindenburg, Barbara von, »Erwerbstätigkeit von Frauen im Kaiserreich und in der Weimarer Republik« (2019), in: *Digitales Deutsches Frauenarchiv*, online verfügbar unter: {https://www.digitales-deutsches-frauenarchiv.de/themen/erwerbstaetigkeit-von-frauen-im-kaiserreich-und-der-weimarer-republik}.

10 Budde, Gunilla, »›Meine Erläbnisse‹. Die Lebenserinnerungen der Sophia Lemitz«, in: Lemitz, Sophia, *In Träumen war ich immer wach. Das Leben des Dienstmädchens Sophia von ihr selbst erzählt*, herausgegeben von Gunilla Budde, Bonn [2]1990, S. 7-40.

11 Nipperdey, *Bürgerwelt und starker Staat*, a. a. O., S. 53; Budde, »›Meine Erläbnisse‹«, a. a. O.

12 Schildt, Gerhard, *Frauenarbeit im 19. Jahrhundert*, Pfaffenweiler 1993.

13 § 1 der Statuten, »abgedruckt« in: Twellmann, Margrit, *Die deutsche Frauenbewegung im Spiegel repräsentativer Frauenzeitschriften. Ihre Anfänge und erste Entwicklung 1843-1889*, Bd. 2, Meisenheim am Glan 1972, S. 136.

14 Schaser, Angelika, *Helene Lange und Gertrud Bäumer. Eine politische Lebensgemeinschaft*, Köln/Wien 2000; Briatte, *Bevormundete Staatsbürgerinnen*, a. a. O., S. 13.

15 Schaser, Angelika, »Zur Einführung des Frauenwahlrechts vor 90 Jahren am 12. November 1918«, in: *Feministische Studien* 1 (2009), S. 97-110, S. 99; Bäumer, »Frauenbewegung«, a. a. O.

16 Ullmann, Hans-Peter, *Das Deutsche Kaiserreich 1871-1918*, Frankfurt am Main 1995, S. 96; Petersson, »Das Kaiserreich in Prozessen ökonomischer Globalisierung«, a. a. O., S. 49-67; Freytag, *Das Wilhelminische Kaiserreich*, a. a. O., S. 47.

17 Althammer, *Bismarckreich*, a. a. O., S. 116.

18 Ebd., S. 114-116; Freytag, *Das Wilhelminische Kaiserreich*, a. a. O., S. 47.

19 Beispielhaft Herbert, *Geschichte Deutschlands*, a. a. O., S. 17, S. 26 f., S. 42-44.

20 Ullmann, *Kaiserreich*, a. a. O., S. 61-63; Althammer, *Bismarckreich*, a. a. O., S. 115-118.

21 Ebd., S. 130.

22 Thun, Alphons, *Die Industrie am Niederrhein und ihre Arbeiter*, Leipzig 1879, S. 71.

23 Nonn, *Bismarck*, a. a. O., S. 229 f.

24 Dittmann, Marcus, *Das Bürgerliche Gesetzbuch aus Sicht des Common Law. Das BGB und andere Kodifikationen der Kaiserzeit im Urteil zeitgenössischer englischer und angloamerikanischer Juristen*, Berlin 2001.

25 Strathmann, Donate, »Ein ›ungeheuerlicher und anstößiger Vorfall‹: Konversionen zum Judentum und jüdisch-christliche Eheschließungen in Westfalen (1816-1846)«, in: *Westfälische Zeitschrift* 149 (1999), S. 309-343, S. 314 f.

26 Pohl, Karl Heinrich, »Kommunen, Liberalismus und Wahlrechtsfragen: Zur Bedeutung des Wahlrechts für die ›moderne‹ Kommunalpolitik in Deutschland am Ende des 19. Jahrhunderts«, in: *Jahrbuch zur Liberalismus-Forschung* 13 (2001), S. 113-130.

27 Nonn, *Bismarck*, a. a. O., S. 234-260; Althammer, *Bismarckreich*, a. a. O., S. 127.

28 Ullmann, Hans-Peter, *Interessenverbände in Deutschland*, Frankfurt am Main 1988.

29 Welskopp, Thomas, *Das Banner der Brüderlichkeit. Die deutsche Sozialdemokratie vom Vormärz bis zum Sozialistengesetz*, Bonn 2000, S. 255 f.

30 Ullmann, *Kaiserreich*, a. a. O., S. 62.

31 Darauf verweist Nonn, *Kaiserreich*, a. a. O.

32 Richter, *Moderne Wahlen*, a. a. O., S. 102-106.

33 Ullmann, *Kaiserreich*, a. a. O., S. 95.

34 Etwa Hahn, Hans-Werner, *Die Industrielle Revolution in Deutschland*, München 2011, S. 42.

35 Freytag, *Das Wilhelminische Kaiserreich*, a.a.O., S. 48.

36 Ebd.

37 Radkau, Joachim, *Natur und Macht. Eine Weltgeschichte der Umwelt*, München 2000.

38 Beispielhaft für die anhaltende Charakterisierung des Kaiserreichs als »ständisch« oder »absolutistisch« und – trotz gegenläufiger Forschung – mit enormem Einfluss auf den öffentlichen Diskurs Ullrich, Volker, *Die nervöse Großmacht. Aufstieg und Untergang des deutschen Kaiserreichs 1871-1918*, Frankfurt am Main [2]2013.

39 Gneist, Rudolf von, *Die Nationale Rechtsidee von den Ständen und das preußische Dreiklassenwahlsystem. Eine sozial-historische Studie*, Heidelberg 1894, S. 221.

40 Vgl. etwa Wette, Wolfram, *Militarismus in Deutschland. Geschichte einer kriegerischen Kultur*, Darmstadt 2008, S. 35-131.

41 Noch immer ein grundlegendes Werk dazu ist Kerbs/Reulecke (Hg.), *Handbuch*, a.a.O.; beispielhaft für die Sozialreform Schröder, Iris, *Arbeiten für eine bessere Welt*, a.a.O.

42 Vgl. zusammenfassend Wolgast, Eike: »Reform, Reformation«, a.a.O., S. 357.

43 Schaser, *Frauenbewegung*, a.a.O., S. 11.

44 Schüler, *Frauenbewegung und soziale Reform*, a.a.O., S. 352f.; Huber, Valeska/Tamson Pietsch/Katharina Reitzler, »Women's international thought and the new professions, 1900-1940«, in: *Modern Intellectual History* (2019), S. 1-25.

45 Vgl. etwa die Ausführungen zu deutschen Frauenrechtlerinnen von Holland-Cunz, Barbara, *Die alte neue Frauenfrage*, Frankfurt am Main 2003.

46 Ebd., S. 43-49.

47 Vgl. den Literaturüberblick bei Schaser, Angelika/Sylvia Schraut/Petra Steymans-Kurz, »Die (fehlende) Historiographie zu den Frauenbewegungen in Europa«, in: *Erinnern, vergessen, umdeuten? Europäische Frauenbewegung im 19. und 20. Jahrhundert*, herausgegeben von dens., Frankfurt am Main/New York 2019, S. 7-21, S. 8f.; vgl. Wolff, Kerstin, »Noch einmal von vorn und neu erzählt: Die Geschichte des Kampfes um das Frauenwahlrecht in Deutschland,« in: Richter/Wolff (Hg.), *Frauenwahlrecht*, a.a.O., S. 35-56.

48 Vgl. etwa Lange, Helene, »Frauenbewegung«, in: *Das Goldene Buch des Deutschen Volkes an der Jahrhundertwende*, herausgegeben von Julius Lohmeyer, Leipzig 1899, S. 9.

49 Vgl. Briatte, *Bevormundete Staatsbürgerinnen*, a. a. O., S. 12-16.

50 Dohm, Hedwig, *Der Frauen Natur und Recht*, Berlin 1876, S. 57.

51 Reuter, Gabriele, *Vom Kinde zum Menschen. Die Geschichte meiner Jugend*, Berlin 1921, S. 462; vgl. Kinnebrock, *Anita Augspurg*, a. a. O., S. 192-200.

52 Storm, Magdalena, »Marie Stritt als Präsidentin des Internationalen Kongresses 1904 auf dem Höhepunkt ihrer Karriere«, in: Hundt/Kischlat (Hg.), *Über Grenzen hinweg*, a. a. O., S. 175-180.

53 Stritt, Marie, *Der internationale Frauenkongress in Berlin*, Berlin 1903, S. 2.

54 Auszug aus dem *Protokoll des Internationalen Sozialistischen Arbeiterkongresses in der Tonhalle Zürich vom 6. bis 12. August 1893*, Zürich 1894, S. 39.

55 So etwa bei Key, Ellen, *Jahrhundert des Kindes*, Berlin 1902, das aus dem Schwedischen in viele Sprachen übersetzt wurde.

56 Stromquist, Shelton, *Reinventing »The People«. The Progressive Movement, the Class Problem, and the Origins of Modern Liberalism*, Urbana/Chicago 2006, S. viii.

57 Altschuler, Glenn C./Stuart M. Blumin, *Rude Republic: Americans and Their Politics in the Nineteenth Century*, Princeton 2000, S. 218.

58 Nipperdey, *Arbeitswelt und Bürgergeist*, a. a. O., S. 531; Richter, *Demokratie*, a. a. O., S. 70.

59 Nipperdey, *Arbeitswelt und Bürgergeist*, a. a. O., S. 538f., S. 552f.

60 Ebd., S. 555; Schaser, *Frauenbewegung*, a. a. O., S. 46.

61 Schaser, *Frauenbewegung*, a. a. O., S. 46f.

62 Ebd., S. 36-52; Paulmann, Johannes, *Globale Vorherrschaft und Fortschrittsglaube. Europa 1850-1914*, München 2019, S. 237f.

63 Schaser, *Frauenbewegung*, a. a. O., S. 43-52.

64 Olbrich, Josef, *Geschichte der Erwachsenenbildung in Deutschland*, Opladen 2001; Fuhrmann, Uwe, *»Frau Berlin« – Paula Thiede (1870-1919). Vom Arbeiterkind zur Gewerkschaftsvorsitzenden*, Konstanz 2019.

65 Beerwald, Konrad, *Blätter für Volksgesundheitspflege* (1906), S. 11. Für den Hinweis danke ich Gundula Ludwig.

66 Key, *Jahrhundert des Kindes*, a. a. O., S. 181; zum Jugendschutz Maase, Kaspar, »Krisenbewusstsein und Reformorientierung. Zum Deutungshorizont der Gegner der modernen Populärkünste 1880-1918«, in: *Schund und Schönheit. Populäre Kultur um 1900*, herausgegeben von dems. und Wolfgang Kaschuba, Köln 2001, S. 290-342.

67 Schonig, Bruno, »Reformpädagogik«, in: Kerbs/Reulecke (Hg.),

Handbuch, a.a.O., S. 319-330; Briatte, *Bevormundete Staatsbürgerinnen*, a.a.O., S. 184f.

68 Zitat in Lohmeyer (Hg.), *Das Goldene Buch*, a.a.O., S. 57.

69 König/Julien, *Verfeindung und Verflechtung*, a.a.O., S. 169f.

70 Pudor, Heinrich, *Die Reformkleidung. Ein Beitrag zur Philosophie, Hygiene und Aesthetik des Kleides*, Leipzig 1903.

71 Schultz, Jamie, »The physical is political: Women's suffrage pilgrim hikes and the public sphere, in: *Women, Sport, Society*, herausgegeben von Roberta Park und Patricia Vertinsky, New York 2011, S. 20-49, S. 33.

72 Meyer-Förster, Wilhelm, *Die Fahrt um die Erde. Roman*, Stuttgart/Leipzig 1897, S. 92, zitiert nach Amenda, Lars, »Der Roman ›Die Fahrt um die Erde‹« (3. April 2020), online verfügbar unter: {https://nfg.hypotheses.org/1039}.

73 Schmitt, Sabine, *Der Arbeiterinnenschutz im Deutschen Kaiserreich. Zur Konstruktion der schutzbedürftigen Arbeiterin*, Stuttgart/Weimar 1995, S. 213.

74 Schaser, *Frauenbewegung*, a.a.O., S. 96.

75 Vgl. Sigusch, Volkmar, *Geschichte der Sexualwissenschaft*, Frankfurt am Main 2007, S. 144-196.

76 Stöcker, Helene, *Lebenserinnerungen. Die unvollendete Autobiographie einer frauenbewegten Pazifistin*, herausgegeben von Reinhold Lütgemeier-Davin und Kerstin Wolff, Köln 2015, S. 156, vgl. auch S. 302-304.

77 Krabbe, Wolfgang R., »Naturheilbewegung«, in: Kerbs/Reulecke (Hg.), *Handbuch*, a.a.O.; S. 77-86.

78 Reulecke, Jürgen, »Rassenhygiene, Sozialhygiene, Eugenik«, in: Kerbs/Reulecke (Hg.), *Handbuch*, a.a.O., S. 197-210, S. 202f.

79 Heinemann, Isabel, *Wert der Familie. Ehescheidung, Frauenarbeit und Reproduktion in den USA des 20. Jahrhunderts*, Berlin/Boston 2018, S. 80; Stern, Alexandra, *Eugenic Nation: Faults and Frontiers of Better Breeding in Modern America*, Berkeley/Los Angeles 2005; Oshinsky, David, »›Imbeciles‹ and ›illiberal reformers‹«, in: *The New York Times* (14. März 2016).

80 Richter, Hedwig, »Transnational reform and democracy. Election reform in New York City and Berlin around 1900«, in: *Journal of the Gilded Age and Progressive Era* 15 (2016), S. 149-175.

81 Adam, Thomas, *Philanthropy, Civil Society and the State in German History 1815-1989*, Woodbridge 2016, S. 124.

82 Baker, »Domestication of politics«, a.a.O.

83 Zimmermann, Clemens, *Von der Wohnungsfrage zur Wohnungs-*

politik. Die Reformbewegung in Deutschland 1845-1914, Göttingen 1991; Bäumer, »Frauenbewegung«, a. a. O., S. 152.

84 Heyl, Hedwig, *Blätter für Volksgesundheitspflege* (1907), S. 227.

85 So Reckwitz, Andreas, *Das hybride Subjekt. Eine Theorie der Subjektkulturen von der bürgerlichen Moderne zur Postmoderne*, Weilerswist 2006, S. 275-374; vgl. Budde, Gunilla, »An der Wiege des Bürgertums. Erziehungsgeschehen und -erleben in deutschen und englischen Bürgerfamilien im 19. und frühen 20. Jahrhundert«, in: *Jahrbuch für Historische Bildungsforschung* 2 (1995), S. 113-134, S. 129f.

86 Kocka, *Das lange 19. Jahrhundert*, a. a. O., S. 118.

87 Kuhn, Axel, *Die deutsche Arbeiterbewegung*, Stuttgart 2004, S. 47; Richter, *Demokratie*, a. a. O., S. 59-70.

88 Himmelfarb, *Poverty and Compassion*, a. a. O., S. 4.

89 Entwurf eines Gesetzes, betreffend die Unfallversicherung der Arbeiter, Aktenstück Nr. 41, Begründung, Anlage 2, in: *Stenographische Berichte Reichstag* (8. März 1881), S. 228.

90 Althammer, *Bismarckreich*, a. a. O., S. 152; Kott, *Sozialstaat und Gesellschaft*, a. a. O., S. 117-134.

91 König/Julien, *Verfeindung und Verflechtung*, a. a. O., S. 97f.; Ritter, Gerhard, *Der Sozialstaat. Entstehung und Entwicklung im internationalen Vergleich*, München [3]2010.

92 Schneider, Michael, »Der Kampf um die Arbeitszeitverkürzung von der Industrialisierung bis zur Gegenwart«, in: *Gewerkschaftliche Monatshefte* 35 (1984), S. 77-89, S. 78.

93 König/Julien, *Verfeindung und Verflechtung*, a. a. O., S. 161.

94 Woloch, Nancy, *A Class by Herself. Protective Laws for Women Workers, 1890s-1990s*, Princeton 2017, S. 85-120; Schneider, »Arbeitszeitverkürzung«, a. a. O., S. 82.

95 Virchow, Rudolf, »Die öffentliche Gesundheitspflege«, in: ders., *Gesammelte Abhandlungen aus dem Gebiete der öffentlichen Medicin und der Seuchenlehre*, Bd. 1, Berlin 1879, S. 15.

96 Ludwig, »Körperpolitiken«, a. a. O.

97 Rubinstein, Friedrich, *Medicinische Reform. Wochenschrift für sociale Medizin* (1893), S. 97.

98 *Stenographische Berichte Reichstag* (22. Februar 1893), S. 1197 A.

99 Vgl. Matthew, H. C. G., »The liberal age (1851-1914)«, in: *The Oxford History of Britain*, herausgegeben von Kenneth O. Morgen, Oxford 2009, S. 463-522, S. 516-521.

100 Spira, S. F. et al., *The History of Photography as Seen through the Spira Collection*, New York 2001, S. 77.

101 Bösch, *Mediengeschichte*, a. a. O., S. 115.

102 Lenger, *Metropolen der Moderne*, a. a. O., S. 123-148.

103 Ebd., S. 134; Budde, »Meine Erläbnisse«, a. a. O., S. 38.

104 Massow, Carl von, *Reform oder Revolution!*, Berlin ²1895, S. 144; vgl. als weiteres Beispiel der Empörung Loewenberg, Jakob, *Aus zwei Quellen. Die Geschichte eines deutschen Juden*, Berlin 1919, S. 283.

105 Vgl. etwa »Matters we ought to know: How the Other Half Lives«, in: *The New York Times* (4. Januar 1891); zu den Reformen Diener, Hasia R. (Hg.), *Jacob Riis, How the Other Half Lives: Authoritative Text, Contexts, and Criticism*, New York 2010, S. 342-345.

106 Freitag, Sabine, *Kriminologie in der Zivilgesellschaft. Wissenschaftsdiskurse und die britische Öffentlichkeit, 1830-1945*, München 2014, S. 110-113.

107 König/Julien, *Verfeindung und Verflechtung*, a. a. O., S. 154.

108 Beispielhaft die Beschreibungen im *Vorwärts* (27. August 1892), S. 1.

109 Schott, Dieter, »Die Großstadt als Lebensraum des modernen Menschen«, in: *Das Jahr 1913. Aufbrüche und Krisenwahrnehmungen am Vorabend des Ersten Weltkriegs*, herausgegeben von dems. und Detlev Mares, Bielefeld 2014, S. 71-94.

110 Zitiert nach Zimmermann, *Wohnungsfrage*, a. a. O., S. 131; vgl. auch Kampffmeyer, Hans, *Die Gartenstadtbewegung*, Leipzig/Berlin 1909, S. 85.

111 Peukert, *Grenzen der Sozialdisziplinierung*, a. a. O., S. 59.

112 Förster, Birte, »Die Vorkämpferin«, in: *NZZ Geschichte* 3 (2020), S. 88-93; Himmelfarb, Gertrude, »Victorian philanthropy: The case of Toynbee Hall«, in: *The American Scholar* 59/3 (1990), S. 373-384.

113 Zimmermann, *Wohnungsfrage*, a. a. O., S. 214.

114 Lenger, *Metropolen der Moderne*, a. a. O., S. 129; Gransche, Elisabeth/Franz Rothenbacher, »Wohnbedingungen in der zweiten Hälfte des 19. Jahrhunderts 1861-1910«, in: *Geschichte und Gesellschaft* 14 (1988), S. 64-95; Zimmermann, *Wohnungsfrage*, a. a. O., S. 122-130.

115 Roser, Max/Hannah Ritchie/Bernadeta Dadonaite, »Child and Infant Mortality«, in: *Our World in Data* (2019 [2013]), online verfügbar unter: {https://ourworldindata.org/child-mortality}.

116 Dauks, Sigrid, *Kinderarbeit in Deutschland im Spiegel der Presse (1890-1920)*, Berlin 2003, S. 153 f.

117 Kalifa, Dominique, *La culture de masse en France*, Bd. 1, *1860-1930*, Paris 2001, S. 3-5, S. 91-100.

118 Bericht der Königlich Sächsischen Gewerbeinspektoren, 1887, zitiert in: Peukert: *Grenzen der Sozialdisziplinierung*, S. 61 f.

119 Ebd.

120 Maase, Kaspar, »Balance-Übungen und Blockaden. Freizeit als Lernprozeß, 1860-1993«, in: *sowi – Sozialwissenschaftliche Informationen* 23 (1994), S. 169-178; Greinacher, Norbert, »Kirchenaustrittsbewegung«, in: *Lexikon für Theologie und Kirche*, Freiburg 1961, S. 194-197.

121 Geisthövel, Alexa, »Der Strand«, in: dies./Knoch (Hg.), *Orte der Moderne*, a. a. O., S. 121-130.

122 Bajohr, Frank, »Judenfeindschaft – transatlantisch. Der Antisemitismus in Seebädern, Kurorten und ›Summer Resorts‹ in Deutschland und den USA im 19. und 20. Jahrhundert«, in: *Zeitgeschichte in Hamburg. Nachrichten aus der Forschungsstelle für Zeitgeschichte in Hamburg* (2003), S. 57-76; Bernheim, Mark/Robert Schediwy, »Florida, Geschichte eines Ferienparadieses«, in: Schediwy, Robert, *Städtebilder. Reflexionen zum Wandel in Architektur und Urbanistik*, Wien 2005, S. 269-273.

123 Bäumer, »Frauenbewegung«, a. a. O.; vgl. dazu auch Kucklick, Christoph, *Das unmoralische Geschlecht. Zur Geburt der Negativen Andrologie*, Frankfurt am Main 2008.

124 Richter, *Demokratie*, a. a. O., S. 149.

125 Tagungsbericht: »Die Sichtbarmachung und Medialisierung von Gewalt seit dem späten 19. Jahrhundert«, organisiert von Jörg Requate u. a., online verfügbar unter: {https://www.hsozkult.de/event/id/termine-40148}.

126 Büchner, Ludwig, *Am Sterbelager des Jahrhunderts. Blicke eines freien Denkers aus der Zeit in die Zeit*, Gießen 1898, S. 232f.

127 Richter, *Demokratie*, a. a. O., S. 173.

128 Frevert, Ute, *Ehrenmänner. Das Duell in der bürgerlichen Gesellschaft*, München 1995, S. 215; Kimmel, Michael, *Manhood in America. A Cultural History*, New York u. a. 1996, S. 84.

3. Globalisierung

1 Arndt, Paul, *Deutschlands Stellung in der Weltwirtschaft*, Leipzig 1908, S. 1.

2 Conrad, *Globalisierung und Nation im Deutschen Kaiserreich*, a. a. O., S. 158f.

3 Petersson, »Das Kaiserreich in Prozessen ökonomischer Globalisierung«, a. a. O., S. 54.

4 Hornbogen, Jens-Peter, *Travail national – Nationale Arbeit. Die*

handelspolitische Gesetzgebung in Frankreich und Deutschland vor dem Hintergrund der Debatte über Freihandel und Schutzzoll 1818-1892, Berlin 2002.

5 König/Julien, *Verfeindung und Verflechtung*, a. a. O., S. 58.

6 Vgl. Geulen, Christian, *Geschichte des Rassismus*, München 2014, insbes. S. 8.

7 Oldenberg, Karl, *Industriestaat und Exportindustrie* (1899), zitiert nach Petersson, »Das Kaiserreich in Prozessen ökonomischer Globalisierung«, a. a. O., S. 63.

8 *Bismarck-Frauen-Kalender* 1902, herausgegeben vom Bismarck-Frauen-Verein Kleeblattbund.

9 Schötz, Susanne, »Politische Partizipation und Frauenwahlrecht bei Louise Otto-Peters«, in: Richter/Wolff (Hg.), *Frauenwahlrecht*, a. a. O., S. 187-220; Hagemann, Karen, *»Männlicher Muth und Teutsche Ehre«: Nation, Militär und Geschlecht zur Zeit der Antinapoleonischen Kriege Preußens*, Paderborn 2002; Reder, Dirk Alexander, *Frauenbewegung und Nation. Patriotische Frauenvereine in Deutschland im frühen 19. Jahrhundert (1813-1830)*, Köln 1998.

10 Kundrus, »Weiblicher Kulturimperialismus«, a. a. O.

11 Tilly, Charles, *Big Structures, Large Processes, Huge Comparisons*, New York 1984, S. 147; Conrad, *Globalisierung und Nation im Deutschen Kaiserreich*, a. a. O., S. 154-163.

12 Diziol, Sebastian, *»Deutsche, werdet Mitglieder des Vaterlandes!«. Der deutsche Flottenverein 1898-1934*, Kiel 2015, S. 24f.; Nipperdey, *Machtstaat vor der Demokratie*, a. a. O., S. 601.

13 Eley, Geoff, *Reshaping the German Right: Radical Nationalism and Political Change after Bismarck*, Ann Arbor 1991, S. 75-97.

14 Zitiert nach Diziol, *Flottenverein*, a. a. O., S. 23.

15 Ebd., S. 37.

16 Rüger, Jan, *The Great Naval Game. Britain and Germany in the Age of Empire*, Cambridge 2007, S. 1; Hobson, Rolf, *Maritimer Imperialismus. Seemachtideologie, seestrategisches Denken und der Tirpitzplan 1875 bis 1914*, München 2004.

17 Frymann, Daniel (Pseudonym für Heinrich Claß), *Wenn ich der Kaiser wär'. Politische Wahrheiten und Notwendigkeiten*, Leipzig ^{2}1912, S. 186; vgl. Hewitson, »Nationalism«, a. a. O.

18 Diziol, *Flottenverein*, a. a. O.; Kundrus, Birthe, »Die imperialistischen Frauenverbände des Kaiserreichs. Koloniale Phantasie- und Realgeschichte im Verein«, Working Paper Nr. 3 der Basler Afrika-Bibliographien, Basel 2005, online verfügbar unter: {https://www.freiburg-postkolonial.de/Seiten/Kundrus.pdf}.

19 »Der Preußenstolz blähte sich in einer Weise auf, die geradezu verletzend ist«, hieß es in der *Süddeutschen Post* (5. September 1873); vgl. zum langen Zögern der Bayern, dem Deutschen Reich beizutreten, *Amberger Volkszeitung für Stadt und Land* (18. Januar 1871).

20 Nonn, *Bismarck*, a.a.O., S. 275-319.

21 Geppert, Dominik, *Pressekriege. Öffentlichkeit und Diplomatie in den deutsch-britischen Beziehungen (1896-1912)*, München 2007.

22 Zitiert in Siemann, Wolfram, *Der Wiener Kongress 1814/15. Restauration, Rekonstruktion oder imperiale Neuordnung Europas?*, Wien 2017, S. 28.

23 Herbert, *Geschichte Deutschlands*, a.a.O., S. 93.

24 Zitiert nach Nonn, *Bismarck*, a.a.O., S. 309.

25 Treitschke, Heinrich von, *Politik. Vorlesungen gehalten an der Universität zu Berlin*, herausgegeben von Max Cornicelius, Bd. 1, Leipzig [3]1913, S. 124.

26 Nipperdey, *Machtstaat vor der Demokratie*, a.a.O., S. 448.

27 »Frauenbund der Deutschen Kolonialgesellschaft«, *Deutsches Kolonial-Lexikon*, Leipzig 1920, S. 662.

28 Kundrus, »Weiblicher Kulturimperialismus«, a.a.O.

29 Treitschke, *Politik. Vorlesungen*, Bd. 1, a.a.O., S. 123.

30 Kundrus, »Weiblicher Kulturimperialismus«, a.a.O.

31 Nonn, *Bismarck*, S. 309-313.

32 Vgl. etwa die Kritik an dem Konzept des »Sozialimperialismus« bei van Laak, *Über alles in der Welt*, a.a.O., S. 33-35.

33 *Stenographische Berichte Reichstag* (10. Januar 1885), S. 524.

34 Vgl. den Brief von Mr. Tisdel an Mr. Frelinghuysen (23. November 1884), in: *Papers relating to the foreign relations of the United States, transmitted to Congress, with the annual message of the President, December 8, 1885*, Department of State, USA, Dokument Nr. 225, S. 288, online verfügbar unter: {https://history.state.gov/historicaldocuments/frus1885/d225}. Für den Hinweis danke ich Jonas Anderson.

35 Geulen, *Geschichte des Rassismus*, a.a.O., S. 78-80.

36 Eckert, Andreas, »Namibia – Ein deutscher Sonderweg in Afrika? Anmerkungen zur internationalen Diskussion«, in: *Völkermord in Deutsch-Südwestafrika. Der Kolonialkrieg (1904-1908) in Namibia und seine Folgen*, herausgegeben von Jürgen Zimmerer und Joachim Zeller, Berlin 2003, S. 226-236; vgl. Krüger, Gesine, *Kriegsbewältigung und Geschichtsbewusstsein. Realität, Deutung und Verarbeitung des deutschen Kolonialkriegs in Namibia 1904 bis 107*, Göttingen 1999, S. 104-116.

37 Habermas, *Skandal in Togo*, a. a. O., S. 18.

38 Zitiert nach Anderson, Monica, *Women and the Politics of Travel, 1870-1914*, Cranbury 2006, S. 56f.

39 Raphael-Hernandez, Heike/Pia Wiegmink (Hg.), *German Entanglements in Transatlantic Slavery*, London 2018.

40 Brief von Mr. Tisdel an Mr. Frelinghuysen (23. November 1884), a. a. O.

41 »Sklaverei«, in: *Deutsches Kolonial-Lexikon*, Leipzig 1920, S. 364-366.

42 Ebd.

43 Vgl. etwa Redebeitrag Noske (30. April 1912), S. 1548; Redebeitrag Eichhorn (19. März 1908), S. 4121-4123; Redebeitrag Bebel (13. März 1896), S. 1434; Redebeitrag Bueb (8. Februar 1896), S. 841, alle in: *Stenographische Berichte Reichstag*.

44 Redebeitrag von Massow, in: *Stenographische Berichte Reichstag* (14. März 1896), S. 1448.

45 Bösch, *Öffentliche Geheimnisse*, a. a. O., S. 225-264.

46 Pavlakis, Dean, *British Humanitarianism and the Congo Reform Movement, 1896-1913*, Burlington 2015; Osterhammel, *Die Verwandlung der Welt*, a. a. O., S. 635f.; Osterhammel, Jürgen, *Kolonialismus. Geschichte, Formen, Folgen*, München 2012, S. 44f.

47 Speitkamp, Winfried, *Deutsche Kolonialgeschichte*, Ditzingen 2005, S. 140f.

48 Lindqvist, Sven, *Durch das Herz der Finsternis. Ein Afrikareisender auf den Spuren des europäischen Völkermords*, Frankfurt am Main/New York 1999, S. 207.

49 Osterhammel, *Die Verwandlung der Welt*, a. a. O., S. 1259.

50 Eber, Irene, *The Jewish Bishop and the Chinese Bible: S. I. J. Schereschewsky (1831-1906)*, Leiden 1999.

51 Müller, Stefan, *Regellose Gewalt und Völkermord im Kongo. Eine humanitäre Katastrophe im Dunkel der Weltöffentlichkeit*, Wien 2012; Pavlakis, *British Humanitarianism*, a. a. O., S. 251f.; Osterhammel, *Die Verwandlung der Welt*, a. a. O., S. 1266.

52 Comaroff, Jean/John L. Comaroff, *Of Revelation and Revolution*, zwei Bände, Chicago 1991/1997; vgl. auch Pollack, Detlef, »Religionen der Welt«, in: *Atlas der Globalisierung 2019. Welt in Bewegung*, Berlin 2019, S. 140-142.

53 Gründer, Horst, *Christliche Mission und deutscher Imperialismus. Eine politische Geschichte ihrer Beziehungen während der deutschen Kolonialzeit 1884-1914 unter besonderer Berücksichtigung Afrikas und Chinas*, Paderborn 1982.

54 Acke, Hanna, *Sprachliche Legitimierung protestantischer Mission: Die Publikationen von Svenska Missionsförbundet um 1900*, Berlin 2015; Osterhammel, *Die Verwandlung der Welt*, a. a. O., S. 1263; Hall, Catherine, *Civilising Subjects. Metropole and Colony in the English Imagination 1830-1867*, Chicago 2002; Thorne, Susan, *Congregational Missions and the Making of an Imperial Culture in Nineteenth-Century England*, Stanford 1999.

55 Porter, Andrew, *Religion versus Empire? British Protestant Missionaries and Overseas Expansion, 1700-1914*, Manchester 2004; Osterhammel, *Die Verwandlung der Welt*, a. a. O., S. 1263; vgl. Krüger, *Kriegsbewältigung*, a. a. O., S. 163-182.

56 Van Laak, *Über alles in der Welt*, S. 121.

57 *Stenographische Berichte Reichstag* (2. Dezember 1905), S. 91; vgl. Bösch, *Öffentliche Geheimnisse*, a. a. O., S. 225-264.

58 Radkau, Joachim, *Das Zeitalter der Nervosität. Deutschland zwischen Bismarck und Hitler*, München 1998, S. 225; Hyam, Ronald, *Empire and Sexuality*, Manchester 1990.

59 Kundrus, »Weiblicher Kulturimperialismus«, a. a. O., S. 218, S. 228-230.

60 König/Julien, *Verfeindung und Verflechtung*, a. a. O., S. 141.

61 So die Argumentation in Christof Dejung, »From global civilizing missions to racial warfare. Class conflicts and the representation of the colonial world in European middle-class thought«, in: Dejung/Motadel/Osterhammel (Hg.), *The Global Bourgeoisie*, a. a. O., S. 251-271.

62 Frenssen, Gustav, *Lebensbericht*, Berlin 1940, S. 143; vgl. auch die Männlichkeitsbeschwörungen in Frenssen, Gustav, *Peter Moors Fahrt nach Südwest. Ein Feldzugsbericht*, Leipzig 1906.

63 Kundrus, »Weiblicher Kulturimperialismus«, a. a. O., S. 216; Schaser, *Frauenbewegung*, a. a. O., S. 11.

64 Van Laak, *Über alles in der Welt*, a. a. O., S. 121.

65 Hewitson, Mark, *Germany and the Modern World, 1880-1914*, Cambridge 2018, S. 39, S. 229; Plumpe, *Das kalte Herz*, a. a. O., S. 170-172.

66 Van Laak, *Über alles in der Welt*, a. a. O., S. 22-47, S. 69-103; Herbert, *Geschichte Deutschlands*, a. a. O., S. 84 f.; vgl. aber generell zur Rolle des globalen Südens Beckert, Sven, *King Cotton. Eine Geschichte des globalen Kapitalismus*, München 2014.

67 Vgl. die dichte Beschreibung der großbürgerlichen Lebenswelt in Groppe, *Im deutschen Kaiserreich*, a. a. O.

68 Gräser, Marcus: »›The Great Middle Class‹ in the nineteenth-century United States«, in: Dejung/Motadel/Osterhammel (Hg.), *The*

Global Bourgeoisie, S. 64-84, S. 81; Hunter, Emma, »Modernity, print media, and the middle class in colonial East Africa«, in: ebd., S. 105-122.

69 Dejung, Christof/David Motadel/Jürgen Osterhammel, »Worlds of the bourgeoisie«, in: dies. (Hg.), *The Global Bourgeoisie*, a. a. O., S. 1-39, S. 1 f., S. 12, S. 16 et passim.

70 Conrad, *Globalisierung und Nation im Deutschen Kaiserreich*, a. a. O., S. 157.

71 Dejung/Motadel/Osterhammel, »Worlds of the bourgeoisie«, a. a. O., S. 19, vgl. S. 16.

72 Ebd., S. 24, S. 31, S. 25.

4. Partizipation und Krieg

1 Maier, Charles S., »Leviathan 2.0. Die Erfindung moderner Staatlichkeit«, in: *1870-1945. Weltmärkte und Weltkriege*, herausgegeben von Emily S. Rosenberg, München 2012, S. 33-286, S. 114f.; vgl. Hagemann/Dudnik/Honeck: »War and gender«, a. a. O.

2 Delbrück, Hans, »Das allgemeine Stimmrecht«, in: *Preußische Jahrbücher* 72 (1893), S. 377-384, S. 377; vgl. z. B. auch die Redebeiträge aus allen Parteien, in: *Stenographischer Bericht des Preußischen Abgeordnetenhauses* (5./6. Dezember 1917).

3 Dohm, *Der Frauen Natur und Recht*, a. a. O., S. 185.

4 Simmel, Georg, »Zur Philosophie der Geschlechter« (1906), in: Simmel, Georg: *Philosophische Kultur*, Berlin 1998, S. 64-66.

5 Redebeitrag Bebel, in: *Stenographische Berichte Reichstag* (13. Februar 1895), S. 856.

6 Entwurf eines Vereinsgesetzes (22. November 1907), *Verhandlungen des Reichstages*, Bd. 243, 1908; Bebel, August, *Die Frau und der Sozialismus*, Zürich [50]1909, S. 36; vgl. zur breiteren Einbettung Schaser, Angelika, »Frauen als Wählerinnen«, in: Linnemann, *Damenwahl!*, a. a. O., S. 154-157.

7 Vgl. Bader-Zaar, »Women's citizenship«, a. a. O.; Förster, Birte, »Den Staat mitgestalten. Wege zur Partizipation von Frauen im Großherzogtum und Volksstaat Hessen 1904-1921«, in: Richter/Wolff, *Frauenwahlrecht*, a. a. O, S. 221-249.

8 *Stenographische Berichte Reichstag* (14. November 1889), S. 311 f.

9 Badran, Margot, »Competing agenda: Feminists, Islam, and the state in 19th- and 20h-century Egypt«, in: Smith, Bonnie G., *Global Feminisms*, London/New York 2000, S. 13-44, S. 16-19.

10 Deutscher Bund gegen die Frauenemanzipation, Aufruf (Anklam 1914), online verfügbar unter: {http://www.deutschestextarchiv.de/book/view/nn_frauenemanzipation_1914/?hl=Verweiberung&p=3}.

11 Clarke, Edward H., *Sex in Education; or, A Fair Chance for the Girls*, Boston 1884.

12 Elberskirchen, Johanna, *Feminismus und Wissenschaft*, Leipzig 1903, S. 18; vgl. zur Misogynie als Reaktion auf einen starken Feminismus Taithe, Bertrand, *Citizenship and Wars. France in Turmoil 1870-1871*, London 2001, S. 110; Planert, Ute: »Wie reformfähig war das Kaiserreich? Ein westeuropäischer Vergleich aus geschlechtergeschichtlicher Perspektive«, in: Müller/Torp (Hg.), *Das Deutsche Kaiserreich in der Kontroverse*, a. a. O.

13 Zitiert nach Briatte, *Bevormundete Staatsbürgerinnen*, a. a. O., S. 209; vgl. auch Kinnebrock, *Anita Augspurg*, a. a. O., S. 246-257.

14 Zimmern, *Women's Suffrage in Many Lands*, a. a. O., S. 85.

15 Storm, »Marie Stritt«, a. a. O.

16 Teele, Dawn, *Forging the Franchise. The Political Origins of the Women's Vote*, Princeton 2018, S. 274; vgl. Bäumer, »Frauenbewegung«, a. a. O., S. 151.

17 Zitiert nach Kinnebrock, *Anita Augspurg*, a. a. O., S. 245; vgl. Heymann, Lida Gustava (mit Anita Augspurg), *Erlebtes, Erschautes. Deutsche Frauen kämpfen für Freiheit, Recht und Frieden; 1850-1940*, herausgegeben von Margit Twellmann, Meisenheim am Glan 1972 [1941], S. 92f., S. 97.

18 *Deutsch-Südwestafrikanische Zeitung* 12 (1910), zitiert nach Kundrus: »Weiblicher Kulturimperialismus«, a. a. O., S. 231.

19 Kundrus, »Weiblicher Kulturimperialismus«, a. a. O., S. 231; vgl. Fletcher, Ian Christopher u. a. (Hg.), *Women's Suffrage in the British Empire. Citizenship, Nation, and Race*, London 2000.

20 Kundrus, »Weiblicher Kulturimperialismus«, a. a. O., S. 234.

21 Baker, »Domestication of politics«, a. a. O.

22 Kundrus, »Weiblicher Kulturimperialismus«, a. a. O., S. 213-235.

23 *Bismarck-Frauen-Kalender* 1896, herausgegeben vom Bismarck-Frauen-Verein Kleeblattbund, S. 65.

24 Nietzsche, Friedrich, *Die Geburt der Tragödie aus dem Geiste der Musik*, Leipzig 1907 [1872], S. 11.

25 Lang, Josef, *Demokratie in der Schweiz. Geschichte und Gegenwart*, Baden 2020, S. 21.

26 Battenberg, Friedrich, »Judenemanzipation im 18. und 19. Jahrhundert« (2010), online verfügbar unter: {http://ieg-ego.eu/de/threads

/europaeische-netzwerke/juedische-netzwerke/friedrich-battenberg-judenemanzipation-im-18-und-19-jahrhundert#DieRevolutionvon1848undihreFolgen}, S. 28f.

27 Röhl, John C. G., *Wilhelm II*, a. a. O., S. 1003-1007.

28 N. N., »Das neue Parlamentsgebäude in Berlin«, in: *Neues Wiener Tagblatt. Demokratisches Organ* (5. Dezember 1894); vgl. für eine lobende Stimme N. N., »Das neue Reichstagshaus«, in: *Die Gartenlaube* 45 (1894), S. 762-766.

29 N. N., »Das neue Reichstagsgebäude«, in: *Allgemeine Zeitung*, München (6. Dezember 1894).

30 Engels an Marx (13. April 1866), zitiert nach: Steinbach, Peter, *Die Zähmung des politischen Massenmarktes. Wahlen und Wahlkämpfe im Bismarckreich im Spiegel der Hauptstadt- und Gesinnungspresse*, Bd. 1, S. 135; vgl. Conze, Werner/Dieter Groh, *Die Arbeiterbewegung in der nationalen Bewegung*, Stuttgart 1966.

31 Engels an Marx (13. März 1867), zitiert nach: Steinbach, *Zähmung*, a. a. O., S. 137.

32 Nipperdey, *Machtstaat vor der Demokratie*, a. a. O., S. 260.

33 Rauh, Manfred, *Die Parlamentarisierung des Deutschen Reiches*, Düsseldorf 1977.

34 Richter, *Moderne Wahlen*, a. a. O., S. 541

35 König/Julien, *Verfeindung und Verflechtung*, a. a. O.; Lang, *Demokratie*, a. a. O.

36 Anderson, »Demokratiedefizit?«, a. a. O., S. 389.

37 Weber, Max, *Wirtschaft und Gesellschaft. Grundriß der verstehenden Soziologie*, besorgt von Johannes Winckelmann, Tübingen [5]1980 (1911-13), S. 155-158.

38 Zitiert nach Hirschman, Albert O., *Denken gegen die Zukunft. Die Rhetorik der Reaktion*, Frankfurt am Main 1995, S. 120.

39 Llanque, *Demokratisches Denken im Krieg. Die deutsche Debatte im Ersten Weltkrieg*, Berlin 2000, S. 46; vgl. auch Wolfram Pyta, »Hugo Preuß und die Parlamentarisierung der Monarchie im Ersten Weltkrieg«, in: Hugo Preuß 1860-1925. Genealogie eines modernen Preußen, herausgegeben von Detlef Lehnert, Köln/Weimar/Wien 2011, S. 257-277.

40 Anderson, »Demokratiedefizit?«, a. a. O.

41 Nonn, *Bismarck*, a. a. O., S. 143-271.

42 Ullmann, *Kaiserreich*, a. a. O., S. 63.

43 Bösch, *Mediengeschichte*, a. a. O., S. 106-108.

44 König/Julien, *Verfeindung und Verflechtung*, a. a. O., S. 28; Freytag, *Das Wilhelminische Kaiserreich*, a. a. O., S. 56.

45 Herbert, *Geschichte Deutschlands*, a.a.O., S. 88; van Rahden, Till, *Juden und andere Breslauer. Die Beziehungen zwischen Juden, Protestanten und Katholiken in einer deutschen Großstadt von 1860 bis 1925*, Göttingen 2000, S. 13f. et passim; vgl. Volkov, Shulamit, *Antisemitismus als Kultureller Code. Zehn Essays*, München 2000.

46 Beispielhaft dafür Kühnes hervorragende Studie zum Dreiklassenwahlrecht (a.a.O.), die allerdings die internationale Einbettung vernachlässigt und gerade die Aufbrüche im Wahlrecht zu wenig für die Gesamtinterpretation in Anschlag bringt.

47 Kühne, *Dreiklassenwahlrecht*, a.a.O.

48 Llanque, *Demokratisches Denken im Krieg*, a.a.O., S. 72f.; Anderson, »Demokratiedefizit?«, a.a.O.

49 Weber, Max, »Für die preußische Wahlrechtsreform«, in: ders., *Max Weber-Gesamtausgabe*, Abt. 1, *Schriften und Reden*, Bd. 8, *Wirtschaft, Staat und Sozialpolitik. Schriften und Reden 1900-1912*, herausgegeben von Wolfgang Schluchter, Tübingen 1998, S. 455; N. N., »Die Wahlrechtskundgebung im Zirkus Busch«, *Berliner Tageblatt* (29. Februar 1910); 8. Hauptmannschaft, Berlin, 23. Februar 1910, Anmerkungen zu Artikel »Eine freisinnige Wahlrechtskundgebung«, in: *Welt am Montag* (21. Februar 1910), A Pr. Br. Rep. 030, Nr. 14305, Wahlrechtskampf in Preußen, 1910-1911, Polizeipräsidium, Landesarchiv Berlin; »Gegen die volksfeindliche Wahlrechtsvorlage«, in: *Berliner Tageblatt* (21. Februar 1910); VIII: ÄNDERUNGEN DES BESTEHENDEN LANDTAGSWAHLRECHTS WERDEN IN FOLGENDER WEISE GEWÜNSCHT. Zusammenstellung der Wünsche der Wahlvorsteher, Berlin (o. D.) 1913, A Rep. 001-03, Nr. 56, Magistrat zu Berlin, 1848-1919, Landesarchiv Berlin; Gerlach, Hellmuth von, *Geschichte des preußischen Wahlrechts*, Berlin 1908, S. 34.

50 Mahaim, Ernest, »Proportional representation and the debates upon the electoral question in Belgium«, in: *Publications of the American Academy of Political and Social Science* 276 (Mai 1900), S. 381-403; Nerincx, Alfred, »Compulsory voting in Belgium«, in: *Annals of the American Academy of Political and Social Science* 18/2 (1901), S. 87-90; Seymour, Charles/Donald Paige Frary, *How the World Votes: The Story Democratic Development in Elections*, Bd. 2, Springfield 1918, S. 312f.; Meyer, Georg, *Das parlamentarische Wahlrecht*, herausgegeben von Georg Jellinek, Berlin 1901, S. 444-446; Llanque, *Demokratisches Denken im Krieg*, a.a.O., S. 148, S. 151f.; Below, Georg von, *Das Parlamentarische Wahlrecht in Deutschland*, Berlin 1909, S. 103, S. 161, S. 167; Weber, Max, *Wahl-*

recht und Demokratie in Deutschland, Berlin 1917, S. 350; zahlreiche Verfechter dieses Wahlmodus finden sich in den Akten, vgl. etwa »Major d. D. Philipsen reicht Druckschrift ein«, 25. April 1918: »Das gleiche Stufenwahlrecht« u. weitere Akten in HA 1, Rep 169 C 80, Nr. 25, Geheimes Staatsarchiv Preußischer Kulturbesitz; N. N., »The electoral system in Britain«, in: *Desert Evening News* (9. Juli 1892); vgl. auch die zögerliche Zustimmung zu diesem Kompromiss in Meinecke, Friedrich, *Die Reform des preußischen Wahlrechts* (1917), in: ders., *Politische Schriften und Reden*, herausgegeben und eingeleitet von Georg Kotowski, Darmstadt 1958, S. 146-173, S. 171.

51 Haus der Abgeordneten, »Gesetzesentwurf zur Abänderung der Vorschriften über die Wahlen zum Hause der Abgeordneten« (4. Februar 1910), § 8, Abschnitt 5; Below, *Das Parlamentarische Wahlrecht*, a. a. O., S. 161; vgl. zum Scheitern des Reformvorschlages Llanque, *Demokratisches Denken im Krieg*, a. a. O., S. 164-167; vgl. N. N., »The people will win in Belgium«, in: *The New York Times* (19. April 1893); »Belgium is quiet again«, in: N. N., *The New York Times* (20. April 1893); »Plural voting in England«, in: *New York Times* (15. April 1894); N. N., »Lords throw out government's one-man-one-vote-measure«, in: *The New York Times* (11. Dezember 1906); N. N., »Many anomalties will be removed«, in: *The Times-Dispatch* (15. Juli 1912); Anderson, »Demokratiedefizit?«, a. a. O., S. 372.

52 Rauschenberger, Joey, »Reformkonservatismus im Kaiserreich? Die sächsischen Konservativen in den Wahlrechtsdebatten 1895/96 bis 1909 als Beispiel«, in: *Neues Archiv für sächsische Geschichte 91* (im Erscheinen).

53 Richter, *Moderne Wahlen*, a. a. O., S. 111-116, S. 60.

54 Vgl. etwa Godkin, Edwin L., »The Republican Party and the n*«, in: *Forum* VI (1889), S. 246-257, S. 257.

55 Tanchoux, Philippe, »L'introduction de l'individu dans le processus électoral collectif«, in: *Citoyen et citoyenneté sous la Révolution française*, herausgegeben von Raymonde Monnier, Paris 2006, S. 179-189, S. 182.

56 Llanque, Marcus/Hall, Tammany, »Die Macht über die Wahlen und die Wende zur realistischen Demokratietheorie«, in: *Kultur und Praxis der Wahlen. Eine Geschichte der modernen Demokratie*, herausgegeben von Hubertus Buchstein und Hedwig Richter, Wiesbaden 2017, S. 141-160, S. 143; Richter, *Moderne Wahlen*, a. a. O., S. 167.

57 Anderson, »Demokratiedefizit?«, a.a.O., S. 371.
58 Richter, *Moderne Wahlen*, a.a.O., S. 498f.
59 Vgl. für Preußen Kühne, *Dreiklassenwahlrecht*, a.a.O., S. 49-127.
60 Richter, *Moderne Wahlen*, a.a.O., S. 499-517.
61 Wilson, Woodrow, »Democracy and efficiency«, in: *Atlantic Monthly* 87/521 (1901), S. 289-299.
62 Wilson, Woodrow, »The study of administration«, in: *Political Science Quarterly* II/2 (1887), S. 197-222; Croly, Herbert, *Progressive Democracy*, New York 1914, S. 8f.
63 Richter, *Moderne Wahlen*, a.a.O., S. 511-514; Treitschke zitiert nach *Leipziger Neueste Nachrichten* (30. Januar 1903); hier greift die Zeitung ein altes Zitat auf, denn Treitschke starb 1896, aber die Frage nach der Geheimhaltung begleitete die Wahlen während des gesamten 19. Jahrhunderts und darüber hinaus.
64 Zitiert in »Sozialdemokratie und Landtagswahlen«, in: *Freisinnige Zeitung* (10. Oktober 1897).
65 Vordruck Wahlprotokoll, o.D., ca. 1889, XVI. HA Rep. 30, Nr. 589, GStA PK.
66 Richter, *Moderne Wahlen*, a.a.O., S. 523-525.
67 *Berliner Illustrirte Zeitung* (3. Februar 1907), S. 67.
68 Ebd.
69 Vgl. die aktuelle Darstellung mit einem guten Forschungsüberblick in Freytag, *Das Wilhelminische Kaiserreich*, a.a.O., S. 245-248.
70 Hillgruber, Andreas, »Riezlers Theorie des kalkulierten Risikos und Bethmann Hollwegs politische Konzeption in der Julikrise 1914«, *in: Historische Zeitschrift* 202 (1965), S. 333-351.
71 Anderson, »Demokratiedefizit?«, a.a.O., S. 394-397.
72 Ebd., S. 394f., dort auch das Zitat.
73 Ebd., S. 397.
74 Vgl. die Darstellung zum Kriegsausbruch mit Forschungsüberblick bei Leonhard, *Büchse der Pandora*, a.a.O., S. 83-126; vgl. den Forschungsüberblick bei Freytag, *Das Wilhelminische Kaiserreich*, a.a.O., S. 228-248.
75 Kinnebrock, *Anita Augspurg*, a.a.O., S. 370-372.
76 König/Julien, *Verfeindung und Verflechtung*, a.a.O., S. 59.
77 Zitiert nach Kinnebrock, *Anita Augspurg*, a.a.O., S. 376; vgl. zur Friedensbewegung den Überblick von Benjamin Ziemann, »German pacifism in the nineteenth and twentieth centuries«, in: *Neue Politische Literatur* 3 (2015), S. 415-437.
78 Möller, Frank, »Das Jahr 1900. Der Traum vom endlosen Fortschritt«, in: *Der Tag X in der Geschichte. Erwartungen und Enttäu-*

schungen seit tausend Jahren, herausgegeben von Enno Bünz et al., Stuttgart 1997, S. 169-187, S. 183.

79 Zitiert nach Salewski, Michael: »›Neujahr 1900‹. Die Säkularwende in zeitgenössischer Sicht«, in: *Archiv für Kulturgeschichte* 53/2 (1971), S. 335-381, S. 346.

80 Vgl. etwa Büchner, *Am Sterbelager des Jahrhunderts*, a.a.O., S. 232f.; Salewski, »›Neujahr 1900‹«, a.a.O., S. 359-361.

81 Carnegie, Andrew, *Triumphant Democracy or Fifty Years' March of the Republic*, London 1886, S. 96.

82 N.N., »Politische Uebersicht«, in: *Vorwärts* (1. September 1892).

83 Verhey, Jeffrey, *Der »Geist von 1914« und die Erfindung der Volksgemeinschaft*, Hamburg 2000.

84 Llanque, *Demokratisches Denken im Krieg*, a.a.O., S. 46.

85 Rede Haase, in: *Stenographische Berichte Reichstag*, Bd. 306, 1914/16, (4. August 1914), S. 9; vgl. Llanque, *Demokratisches Denken im Krieg*, a.a.O., S. 46.

86 Hetmann, Frederik (Hg.), *Rosa L. Die Geschichte der Rosa Luxemburg und ihrer Zeit*, Frankfurt am Main 1979, S. 184.

87 Hobhouse, Emily et al., »Open Christmas letter from the Suffragettes of Manchester« (Dezember 1914), online verfügbar unter: {https://de.wikipedia.org/wiki/Datei:Open_Christmas_letter_from_the_Suffragettes_of_Manchester_(11350682363).jpg}.

88 Zitiert nach Kinnebrock, *Anita Augspurg*, a.a.O., S. 375.

89 Ebd., S. 395-397.

90 Women's International League for Peace and Freedom, Resolution, Den Haag 1915, online verfügbar unter: {https://web.archive.org/web/20120505191602/http://www.wilpfinternational.org/statements/1915.htm}; vgl. Förster, Birte, »Friedensmacherinnen. Der Frauenfriedenskongress in Zürich 1919«, in: *Aus Politik und Zeitgeschichte* 15 (2019), S. 12-17.

91 Rothwell, V.H., *British War Aims and Peace Diplomacy 1914-1918*, Oxford 1971, S. 71; Llanque, *Demokratisches Denken im Krieg*, a.a.O., S. 104f., S. 107, S. 110, S. 112-127.

92 Vgl. etwa Retallack, James, *Germany's Second Reich*, a.a.O.; Walser Smith, Helmut, »Jenseits der Sonderweg-Debatte«, in: Müller/Torp (Hg.), *Das Deutsche Kaiserreich in der Kontroverse*, a.a.O., S. 31-50.

93 Meinecke, Friedrich, »Osterbotschaft, Wahlreform und parlamentarisches Regime« (1917), in: ders., *Politische Schriften und Reden*, herausgegeben und eingeleitet von Georg Kotowski, Darmstadt 1958, S. 174-180, S. 174.

94 Richter, *Demokratie*, a. a. O., S. 190f.
95 »Eine Osterbotschaft Kaiser Wilhelms« (7. April 1917), abgedruckt in: *Der Tag* (8. April 1917).
96 Meinecke, »Osterbotschaft«, a. a. O., S. 176.
97 Zitiert nach Müller, Tim B., *Nach dem Ersten Weltkrieg. Lebensversuche moderner Demokratien*, Hamburg 2014, S. 68.
98 Llanque, *Demokratisches Denken im Krieg*, a. a. O., S. 113-154; Tönnies, Ferdinand, *Der englische Staat und der deutsche Staat*, Berlin 1917; Delbrück, *Regierung und Volkswille*, a. a. O., S. 45; vgl. Llanque, *Demokratisches Denken im Krieg*, a. a. O., S. 114-135; vgl. auch Nolte, Paul, *Was ist Demokratie? Geschichte und Gegenwart*, Bonn 2012, S. 200.
99 Nipperdey, *Machtstaat vor der Demokratie*, a. a. O., S. 866f.
100 Llanque, *Demokratisches Denken im Krieg*, a. a. O., S. 137.
101 *Stenographische Berichte Reichstag* (19. Februar 1919), S. 177; vgl. den Überblick zur älteren Forschung Wolff, *Noch einmal von vorn und neu erzählt*, a. a. O.
102 Müller, Tim B./Tooze, Adam (Hg.), *Normalität und Fragilität. Demokratie nach dem Ersten Weltkrieg*, Hamburg 2015.
103 Hagenlücke, Heinz, *Die deutsche Vaterlandspartei. Die nationale Rechte am Ende des Kaiserreiches*, Düsseldorf 1996.
104 Vgl. Förster, Birte, *1919*, a. a. O., S. 137-141.
105 Ebd., S. 94.
106 Vgl. Mann, Michael, *Die dunkle Seite der Demokratie. Eine Theorie der ethnischen Säuberungen*, Hamburg 2007.

Fazit

1 Briatte, *Bevormundete Staatsbürgerinnen*, a. a. O., S. 57.
2 Maier, *Consigning the Twentieth Century*, a. a. O.
3 Richter, Hedwig/Ralph Jessen, »Elections, plebiscites, and festivals«, in: *The Oxford Illustrated History of the Third Reich*, herausgegeben von Robert Gellately, New York 2018, S. 85-118.
4 Claude Fauchet im *Journal général de France* (9. Februar 1791), S. 158.

Ausgewählte Literatur

Anderson, Margaret L., »Ein Demokratiedefizit? Das Deutsche Kaiserreich in vergleichender Perspektive«, in: *Geschichte und Gesellschaft* 44/3 (2018), S. 368-398.

Althammer, Beate, *Das Bismarckreich 1871-1890*, Stuttgart 2009.

Aschmann, Birgit (Hg.), *Durchbruch der Moderne? Neue Perspektiven auf das 19. Jahrhundert*, Frankfurt am Main/New York 2019.

Bader-Zaar, Birgitta, »Women's citizenship and the First World War: General remarks and a case study of women's enfranchisement in Austria and Germany«, in: *Women's History Review* 25 (2016), S. 274-295.

Baker, Paula, »The domestication of politics: Women and American political society, 1780-1920«, in: *America Historical Review* 89/3 (1984), S. 620-647.

Beard, Mary, *Frauen & Macht. Ein Manifest*, Frankfurt am Main 2018.

Beuys, Barbara, *Die neuen Frauen. Revolution im Kaiserreich. 1900-1914*, Berlin 2015.

Blom, Philipp, *Der taumelnde Kontinent. Europa 1900-1914*, München 2009.

Bösch, Frank, *Öffentliche Geheimnisse. Skandale, Politik und Medien in Deutschland und Großbritannien 1880-1914*, München 2009.

Briatte, Anne-Laure, *Bevormundete Staatsbürgerinnen. Die »radikale« Frauenbewegung im Deutschen Kaiserreich*, Frankfurt am Main/New York 2020.

Budde, Gunilla, *Blütezeit des Bürgertums. Bürgerlichkeit im 19. Jahrhundert*, Darmstadt 2009.

Chenoweth, Erica/Maria J. Stephan, *Why Civil Resistance Works the Strategic Logic of Nonviolent Conflict*, New York 2011.

Clark, Christopher, *Wilhelm II. Die Herrschaft des letzten deutschen Kaisers*, München 2009.

Conrad, Sebastian, *Globalisierung und Nation im Deutschen Kaiserreich*, München 2006.

Dejung, Christof/David Motadel/Jürgen Osterhammel (Hg.), *The Global Bourgeoisie. The Rise of the Middle Class in the Age of Empire*, Princeton 2019.

Eckert, Andreas, *Kolonialismus*, Frankfurt am Main 2006.

Evans, Richard, *Tod in Hamburg. Stadt, Gesellschaft und Politik in den Cholera-Jahren 1830-1910*, Hamburg 1990.

Fisch, Jörg, *Europa zwischen Wachstum und Gleichheit 1850-1914*, Stuttgart 2002.

Freytag, Nils, *Das Wilhelminische Kaiserreich 1890-1914*, Paderborn 2018.

Fuhrmann, Uwe, *»Frau Berlin«. Paula Thiede (1870-1919). Vom Arbeiterkind zur Gewerkschaftsvorsitzenden*, Konstanz 2019.

Gall, Lothar, *Bismarck. Der weiße Revolutionär*, Frankfurt am Main/Berlin ³2008.

Groppe, Carola, *Im deutschen Kaiserreich. Eine Bildungsgeschichte des Bürgertums 1871-1918*, Köln 2018.

Haardt, Oliver F.R., *Bismarcks ewiger Bund. Eine neue Geschichte des Deutschen Kaiserreichs*, Darmstadt 2020.

Habermas, Rebekka, *Skandal in Togo. Ein Kapitel deutscher Kolonialherrschaft*, Frankfurt am Main 2016.

Hagemann, Karen/Stefan Dudnik/Mischa Honeck: »War and gender: Nineteenth-century wars of nations and empires. An overview«, in: *The Oxford Handbook of Gender, War, and the Western World since 1600*, herausgegeben von Stefan Dudink, Karen Hagemann und Sonya O. Rose, New York 2020.

Herbert, Ulrich, *Geschichte Deutschlands im 20. Jahrhundert*, München 2014.

Hewitson, Mark, »Nationalism«, in: *The Ashgate Research Companion to Imperial Germany*, herausgegeben von Matthew Jefferies, Burlington 2015, S. 123-142.

Himmelfarb, Gertrude, *Poverty and Compassion. The Moral Imagination of the Late Victorians*, New York 1991.

Hitzer, Bettina, *Im Netz der Liebe. Die protestantische Kirche und ihre Zuwanderer in der Metropole Berlin (1849-1914)*, Köln 2006.

Hundt, Irina/Ilse Kischlat (Hg.), *Über Grenzen hinweg. Zur Geschichte der Frauenstimmrechtsbewegung*, Berlin 2007.

Kerbs, Diethart/Jürgen Reulecke (Hg.), *Handbuch der deutschen Reformbewegungen*, Wuppertal 1998.

Kinnebrock, Susanne, *Anita Augspurg (1857-1943). Feministin und Pazifistin zwischen Journalismus und Politik. Eine kommunikationshistorische Biographie*, Herbolzheim 2005.

Kocka, Jürgen, *Das lange 19. Jahrhundert. Arbeit, Nation und bürgerliche Gesellschaft*, Stuttgart 2001.

Kott, Sandrine, *Sozialstaat und Gesellschaft. Das deutsche Kaiserreich in Europa*, Göttingen 2014.

Kühne, Thomas, *Dreiklassenwahlrecht und Wahlkultur in Preußen: 1867-1914. Landtagswahlen zwischen korporativer Tradition und politischem Massenmarkt*, Düsseldorf 1994.

Kundrus, Birthe, »Weiblicher Kulturimperialismus. Die imperialistischen Frauenverbände des Kaiserreichs«, in: *Das Kaiserreich transnational. Deutschland in der Welt 1871-1914*, herausgegeben von Sebastian Conrad und Jürgen Osterhammel, Göttingen 2004, S. 213-235.

Lenger, Friedrich, *Metropolen der Moderne. Eine europäische Stadtgeschichte seit 1850*, München 2014.

Leonhard, Jörn, *Die Büchse der Pandora. Geschichte des Ersten Weltkriegs*, München 2014.

Lindner, Ulrike, *Koloniale Begegnungen. Deutschland und Großbritannien als Imperialmächte in Afrika 1880-1914*, Frankfurt am Main 2011.

Linnemann, Dorothee, *Damenwahl! 100 Jahre Frauenwahlrecht*, Frankfurt am Main 2018.

Llanque, Marcus, *Demokratisches Denken im Krieg. Die deutsche Debatte im Ersten Weltkrieg*, Berlin 2000.

Ludwig, Gundula, »Körperpolitiken und Demokratie. Sozialhygienische Wissensregime als Techniken der Demokratisierung in der Weimarer Republik«, in: *Body Politics. Zeitschrift für Körpergeschichte* 7/11 (2019), S. 75-95.

Maier, Charles S., »Consigning the twentieth century to history: Alternative narratives for the modern era«, in: *American Historical Review* 105/3 (2000), S. 807-831.

Müller, Sven-Oliver/Cornelius Torp (Hg.), *Das Deutsche Kaiserreich in der Kontroverse*, Göttingen 2009.

Nevers, Jeppe, »A history of democracy beyond national narratives«, in: *Geschichte und Gesellschaft* 44/3 (2018), S. 416-429.

Nipperdey, Thomas, *Deutsche Geschichte 1800-1866. Bürgerwelt und starker Staat*, München 1983.

Ders., *Deutsche Geschichte 1866-1918*, Bd. 1, *Arbeitswelt und Bürgergeist*, München 1990.

Ders., *Deutsche Geschichte 1866-1918*, Bd. 2, *Machtstaat vor der Demokratie*, München 1992.

Nonn, Christoph, *Bismarck. Ein Preuße und sein Jahrhundert*, München 2015.

Ders., *12 Tage und ein halbes Jahrhundert. Eine Geschichte des deutschen Kaiserreichs 1871-1918*, München 2020.

Osterhammel, Jürgen, *Die Verwandlung der Welt. Eine Geschichte des 19. Jahrhunderts*, München 2009.

Paulmann, Johannes, *Globale Vorherrschaft und Fortschrittsglaube. Europa 1850-1914*, München 2019.

Peukert, Detlev, *Grenzen der Sozialdisziplinierung. Aufstieg und Krise der deutschen Jugendfürsorge von 1878 bis 1932*, Köln 1986.

Richter, Hedwig/Kerstin Wolff, *Frauenwahlrecht. Demokratisierung der Demokratie in Deutschland und Europa*, Hamburg 2018.

Rodgers, Daniel T., *Atlantiküberquerungen. Die Politik der Sozialreform, 1870-1945*, Stuttgart 2010.

Sachße, Christoph, *Mütterlichkeit als Beruf. Sozialarbeit, Sozialreform und Frauenbewegung 1871-1929*, Wiesbaden 1994.

Schaser, Angelika, *Frauenbewegung in Deutschland 1848-1933*, Darmstadt ²2020.

Dies., *Helene Lange und Gertrud Bäumer. Eine politische Lebensgemeinschaft*, Köln 2010.

Schraut, Sylvia, *Bürgerinnen im Kaiserreich. Biografie eines Lebensstils*, Stuttgart 2013.

Schröder, Iris, *Arbeiten für eine bessere Welt. Frauenbewegung und Sozialreform 1890-1914*, Frankfurt am Main/New York 2001.

Schüler, Anja, *Frauenbewegung und soziale Reform. Jane Addams und Alice Salomon im transatlantischen Dialog, 1889-1933*, Stuttgart 2004.

Steinmetz, Willibald, *Europa im 19. Jahrhundert*, Frankfurt am Main 2019.

Van Laak, Dirk, *Über alles in der Welt. Deutscher Imperialismus im 19. und 20. Jahrhundert*, München 2005.

Wienfort, Monika, *Monarchie im 19. Jahrhundert*. Berlin 2018.

Zeller, Joachim/Jürgen Zimmerer (Hg.), *Völkermord in Deutsch-Südwestafrika. Der Kolonialkrieg (1904-1908) in Namibia und seine Folgen*, Berlin 2003.

Dank

Wie immer habe ich zahlreichen Kolleginnen und Kollegen zu danken für Diskussionen, Anregungen, Kritik, Aufmunterung, für das Lesen meiner Texte. Besonders danken möchte ich Hanna Acke, Jonas Anderson, Frank Bösch, Marc Frey, Gundula Ludwig, Frank Möller, Christoph Nonn, Angelika Schaser, Thomas Stamm-Kuhlmann und Verena Wirtz. Ein spezieller Dank geht an Dorothea Studthoff und Heinrich Geiselberger von Suhrkamp. Danken möchte ich zudem Leutnant Lara-Sophie Bierhoff für die Mühen mit den Fußnoten. Großer Dank gilt meinem Mann, mit dem ich alle Theorien und Ideen durchdiskutieren kann.